FACULTÉ DE DROIT DE PARIS

DROIT ROMAIN
QUIBUS MODIS HYPOTHECA VEL PIGNUS SOLVITUR
Dig., lib. XX, tit. 6

DROIT CIVIL FRANÇAIS
DU DROIT DE SUITE DES CRÉANCIERS HYPOTHÉCAIRES
Art. 2166 à 2179, c. N.

THÈSE POUR LE DOCTORAT

PAR

ALFRED DEFFIS

AVOCAT A LA COUR IMPÉRIALE

Né à Saint-Palais (Basses-Pyrénées)

L'acte public, sur les matières ci-après, sera soutenu

Le Samedi 1ᵉʳ Août 1868

A NEUF HEURES ET DEMIE DU MATIN

<table>
<tr><td>Président:</td><td>M. DUVERGER.</td><td></td></tr>
<tr><td>Suffragants:</td><td>MM. COLMET-DAAGE,
GIRAUD,
DEMANGEAT,
GLASSON.</td><td>Professeurs.
Agrégé, suffragant</td></tr>
</table>

Le candidat répondra, en outre, aux questions qui lui seront faites sur les autres matières de l'enseignement.

VERSAILLES
IMPRIMERIE CERF, RUE DU PLESSIS, 59

1868

DROIT ROMAIN
QUIBUS MODIS HYPOTHECA VEL PIGNUS SOLVITUR
(Dig., lib. XX, tit. 6)

DROIT CIVIL FRANÇAIS
DU DROIT DE SUITE DES CRÉANCIERS HYPOTHÉCAIRES
(Art. 2166 à 2178, c. N.)

THÈSE POUR LE DOCTORAT

PAR

ALFRED DEFFIS

AVOCAT A LA COUR IMPÉRIALE

Né à Saint-Palais (Basses-Pyrénées)

L'acte public, sur les matières ci-après, sera soutenu

Le Samedi 1er Août 1868

A NEUF HEURES ET DEMIE DU MATIN

Président : **M. DUVERGER.**

Suffragants : **MM. COLMET-DAAGE,
GIRAUD,
DEMANGEAT,
GLASSON,** Professeurs. Agrégé, suffragant.

Le Candidat répondra, en outre, aux questions qui lui seront faites sur les autres matières de l'enseignement.

VERSAILLES
IMPRIMERIE CERF, RUE DU PLESSIS, 59

1868

A LA MÉMOIRE DE

MON PÈRE ET DE MA MÈRE.

DE MON FRÈRE.

DROIT ROMAIN

—

QUIBUS MODIS PIGNUS VEL HYPOTHECA SOLVITUR

Dig., lib. XX, tit. 6.

L'hypothèque est un droit accessoire dont la vie est intimement liée à celle de l'obligation principale ; elle en suit le sort et les vicissitudes ; elle naît avec elle et meurt avec elle. Néanmoins il peut arriver que sans qu'elle ait une existence propre et indépendante, diverses causes d'extinction l'atteignent, sans atteindre, la plupart du temps, l'obligation principale, de telle sorte que l'accessoire périt et le principal reste ;

De là, la division naturelle de notre sujet :

Extinction de l'hypothèque :

1° Par voie de conséquence.

2° Par voie principale.

PREMIÈRE PARTIE.

EXTINCTION DE L'HYPOTHÈQUE PAR VOIE DE CONSÉQUENCE.

L'*intentio* de la formule hypothécaire portait si *paret rem in bonis debitoris fuisse eo tempore quo de pignore convenit, neque pecunia soluta sit aut eo modo satisfactum fuerit.* En conséquence, en principe le paiement ou un mode de satisfaction analogue seuls, éteignaient l'hypothèque.

Néanmoins en dehors de ces cas l'hypothèque pouvait être éteinte.

De là la division de la première partie de notre sujet :

Chapitre premier : *des modes de paiement et des modes de satisfaction analogues.* — Chapitre deuxième : *des modes de satisfaction non-analogues au paiement.*

CHAPITRE PREMIER

DU PAIEMENT ET DES MODES DE SATISFACTION ANALOGUES

SECTION PREMIÈRE

DU PAIEMENT

L'hypothèque est éteinte dès que l'obligation principale est éteinte en vertu de cette règle, *cum principalis causa non consistat, nec ea quidem quæ sequuntur, locum obtinent* (1).

Mais il faut que le paiement soit intégral, car le paiement partiel n'affranchit aucunement l'immeuble. En effet, celui qui a reçu plusieurs choses en gage ne peut être forcé d'en affranchir une, à moins qu'il n'ait reçu tout ce à quoi il avait droit (2).

(1) *L.* 129, *fin. de reg. Jur.*
(2) *L. XIX, de Pign. et Hypoth.*

C'est là le principe de l'indivisibilité consacré dans notre droit par l'art. 2114. Il a en quelque sorte une double physionomie. D'une part, l'immeuble tout entier est affecté au gage, tant qu'il reste un reliquat de dette quelque minime qu'il soit ; d'autre part, la totalité de la créance affecte chaque partie de l'immeuble hypothéqué.

En conséquence si un des héritiers s'est libéré de sa part de dette, l'immeuble donné en gage pourra être vendu en totalité par le créancier, comme il le serait si cette portion de dette avait été soldée par le débiteur lui-même (1).

Autre exemple : Les héritiers sont tenus de l'action personnelle chacun pour leur part. Mais lorsqu'il s'agit de l'action hypothécaire, il y a une action réelle qui les oblige *propter rem* au tout, de telle sorte qu'ils sont tenus soit de délaisser l'immeuble tout entier, soit de payer la dette intégralement, sauf alors à conserver l'objet engagé (2).

Il suit de là que les liens de l'obligation réelle ou hypothécaire, subsistent alors que l'action personnelle ou pour mieux dire l'obligation principale, est éteinte (3).

Réciproquement, si le créancier meurt, et laisse plusieurs héritiers, que le débiteur se libère envers eux, la chose n'en restera pas moins affectée pour la totalité.

(1) *L. VIII*, § 2, *de Pign. act.*
(2) *L. II, Code. Si unus ex plur. hered.*
(3) *L. II, Code. De Initione Pign.*

Il est évident, disent Valérien et Gallien, que lorsque le défunt meurt et laisse plusieurs héritiers, les actions personnelles se divisent entre eux d'après la loi des douze tables, mais que chacun est tenu hypothécairement pour le tout.

Il ne suffit pas de payer le principal tout entier, il faut encore payer les intérêts si aucuns sont dus et garantis par l'hypothèque. Nous en disons autant de la clause pénale protégée par le gage (1).

Il faut comprendre dans les accessoires de la dette que doit acquitter le débiteur, les dépenses faites par le créancier, notamment pour l'entretien des routes de la propriété hypothéquée et encore toutes dépenses nécessaires.

Peu importe au surplus que le paiement soit effectué par le débiteur lui-même, ou qu'il le soit par un autre, pourvu qu'il soit intégral. Nous verrons tout-à-l'heure plus en détail cette espèce qui rentre dans l'examen du paiement avec subrogation.

Le créancier peut être couvert de sa créance par les intérêts de la chose engagée ; le paiement est valable, de telle sorte que l'obligation éteinte, l'action hypothécaire ne pourra plus être exercée (2).

Il peut se faire que le créancier ne veuille pas recevoir l'argent du débiteur, celui-ci lui fait des offres ; si elles sont refusées, il les dépose ; désormais l'argent est censé être à la disposition du créancier et lui être payé ; il y a extinction de l'hypothèque. Il

(1) *L. XIII, § 6, de Pign. et Hypoth.*
(2) *L. I, Code. Distract. Pign.*

en est du reste ainsi toutes les fois que le créancier
a empêché le paiement de son fait (1).

Des esclaves avaient été donnés en gage, leur travail devait payer le créancier ; capital et intérêt sont
éteints ; un faible reliquat de la dette encore dû, est
offert au créancier, il le refuse ; l'argent est consigné ;
le préfet de la province ordonna que les esclaves
seraient rendus à leur maître (2).

Il y a deux cas particuliers où le paiement au lieu
d'être réel, soit volontaire, soit forcé, est fictif. Il peut
y avoir en effet *acceptilatio* ou compensation.

Nous savons que les Romains, gardiens scrupuleux
des formes, donnaient à certaines formalités le pouvoir de faire naître et éteindre les obligations. Il y
avait du reste corrélation entre la naissance et l'extinction des obligations.

« Ainsi les paroles avaient fourni un paiement ima-
ginaire qui n'était que la contre-partie de la stipulation *(imaginaria solutio)* et qui consiste dans une
interrogation du débiteur demandant au créancier si
ce qui lui a été promis, il le tient pour reçu et dans
la réponse affirmative du créancier : *quod ego tibi
promisi, habesne acceptum? Habeo :* c'est ce qu'on
nomme de la part du créancier *acceptum ferre —
acceptilatio.* Ce paiement simulé par les paroles n'est
applicable qu'aux obligations contractées elles-mêmes par ces moyens. A l'égard de toute autre obligation, si elle avait eu lieu, elle n'aurait pas opéré
selon le droit civil, néanmoins la subtilité des jurisconsultes Romains parvint à l'étendre à toute obliga-

(1) *De Initione Pignoris. L. III.*
(2) *II, Code. De pacto Pign.*

tion : c'était en résumé comme on le voit un moyen d'éteindre les obligations comme le paiement lui-même.

Il est naturel de penser que les obligations formées *litteris* par l'expensilation faite sur le registre du créancier, avec le consentement du débiteur, ont dû pouvoir se résoudre par une expensilation contraire de la même somme faite sur le registre du débiteur, avec le consentement du créancier.

Nous allons trouver l'idée d'un paiement fictif dans un mode qui existe encore dans notre droit, je veux parler de la compensation.

Lorsque deux personnes se trouvent à la fois débitrices et créancières l'une de l'autre de choses exigibles, de même nature et pouvant se remplacer l'une par l'autre, on fait entre les dettes et les créances respectives une balance réciproque, et l'on n'oblige qu'au paiement du reliquat celle des deux parties qui s'en trouve débitrice.

A Rome, il n'y avait pas de compensation légale. Dans notre droit, on dit que la compensation s'opère de plein droit. Nos rédacteurs ont mal interprété les mots *ipso jure* du droit romain. Ils signifiaient que la compensation dans les actions de bonne foi, et pour les obligations procédant ex *eâdem causâ*, avait lieu *ipso jure*, c'est-à-dire *officio judicis*, sans qu'il fût nécessaire que les parties en obtinssent le droit du préteur, ni que la formule en conférât le pouvoir spécial au juge.

Ce que nous venons de dire n'est pas en désaccord avec le pouvoir donné à celui qui avait payé par erreur une dette compensable, d'intenter la *condictio indebiti* : ceci se justifie ; la *condictio indebiti* étant accordée à celui qui avait acquitté par erreur une obligation contre laquelle il aurait pu se défendre par une exception perpétuelle. Aussi l'antinomie n'est qu'apparente.

En principe, en droit romain, la compensation n'était pas un moyen d'éteindre les obligations. Aussi n'était-elle pas comprise dans l'énumération de l'extinction des hypothèques.

A Rome, la compensation s'opérait de deux façons, par la convention et par la sentence du juge.

Lorsqu'il y avait convention, il y avait nécessairement extinction du principal et par conséquent des accessoires; puisque les parties avaient renoncé à leurs créances respectives. Néanmoins si quelque chose était due par l'un, le créancier du reliquat conservait son hypothèque tout entière, dont le caractère est d'être indivisible, à moins de convention contraire.

La compensation s'opérait-elle par la sentence du juge; trois cas étaient à observer.

Lorsqu'il s'agit d'un *argentarius*, on exige que les créances réciproques soient exigibles et aient pour objet des choses de même source, de même nature et pouvant se remplacer l'une par l'autre : mais, pour lui, la compensation avait un caractère particulier; c'est que s'il ne l'opérait pas, s'il ne balançait pas exactement les deux comptes, il y avait plus pétition et déchéance du droit. On peut dire qu'il y avait là extinction de l'obligation.

Dans les cas ordinaires, on distinguait entre les actions de bonne foi et les actions de droit strict.

Dans le premier cas, le juge pouvait et devait opposer lui-même la compensation, pourvu que les obligations procédassent *ex eadem causâ*.

Dans le deuxième cas, le juge ne pouvait pas opposer la compensation, mais le défendeur avait pour se défendre l'exception de dol. *Dolo fecit qui petit quod redditurus est.* On sollicitait et on obtenait du préteur contre le demandeur dans la rédaction de la formule, l'exception de dol, fondée sur ce qu'il aurait dû opérer la compensation et n'actionner que pour le reliquat; ce moyen de défense ne fut d'abord accordé que selon les circonstances, mais un rescrit de Marc Aurèle l'établit en règle législative.

Ce fut ainsi qu'à l'aide de l'exception de dol on put faire valoir la compensation même dans les actions de droit strict, et en conséquence *ex dispari causâ*.

En effet, ici le juge, quoique l'obligation procédât d'une autre cause, ne pouvait plus opposer la compensation, sans un mandat exprès, puisque le fait se trouvait spécialement prévu et inséré dans la formule. A l'égard de tout autre fait que celui compris dans l'exception, il eût été incompétent.

Que deviennent dans ces diverses espèces les droits d'hypothèque et de gage?

Dans la compensation avec un *argentarius*, l'hypothèque est éteinte, si par exemple l'*argentarius* ne balance pas son compte d'une façon exacte, puisqu'il y a eu plus pétition et que la plus pétition est une déchéance complète. — S'il y avait balance opérée, la compensation éteignait le principal et l'accessoire.

Dans la compensation d'action de bonne foi, où le juge compensait, l'hypothèque était éteinte, s'il n'y avait plus de reliquat à garantir; sinon, elle subsistait en entier à cause de son indivisibilité.

Dans le cas de la compensation des actions de droit strict, il y avait survivance de l'hypothèque. Si le créancier hypothécaire voulait exercer ses droits, on le paralysait par l'exception de dol.

Mais si, dans les cas des actions de bonne foi, le juge n'avait pas tenu compte de la compensation et qu'il ait condamné l'une des parties, la *mutua petitio* subsiste toujours dans son intégralité avec les gages et les hypothèques qui en sont les accessoires.

II. — *Du paiement avec subrogation.*

Il a lieu dans deux cas bien distincts :

1er cas. — La personne qui paie le créancier a la faculté d'exiger la cession des actions. Dans ce cas, il y aurait extinction de la dette et extinction du gage;

2e cas. — La subrogation s'accomplit de plein droit. Dans l'espèce, l'action personnelle est vraiment éteinte, mais le droit hypothécaire survit et vient se rattacher à titre de sûreté, à une autre créance qui est déjà née au profit de celui qui paie.

Ramenons à trois les hypothèses relatives à notre matière.

Première hypothèse.—Le *jus offerendæ pecuniæ* est exercé.

Nous savons que ce droit particulier à la législation romaine est accordé aux créanciers hypothécaires ultérieurs pour désintéresser les premiers créanciers hypothécaires et acquérir ainsi le droit de poursuite.

Je dois signaler, néanmoins, d'après Paul dans ses sentences, que le premier créancier peut écarter le second, bien qu'il lui soit préférable (1).

Le *jus offerendæ pecuniæ* n'est valable que par le paiement intégral du premier créancier en principal, frais, intérêts ; sans quoi, à cause de l'indivisibilité de l'hypothèque, ce premier créancier conserverait toujours son recours.

L'effet du *jus offerendæ pecuniæ*, toutes conditions remplies, est de mettre le créancier payant aux lieu et place de celui qui est désintéressé, mais seulement jusqu'à concurrence de la somme payée. Si le créancier, qui a payé, a une créance personnelle plus forte, il ne pourra venir au premier rang que jusqu'à concurrence du chiffre de la première.

Deuxième hypothèse.—Une propriété hypothéquée est transférée à la condition que l'acheteur désintéressera avec le prix d'achat les créanciers hypothécaires ; si l'acheteur les désintéresse, il prendra leurs lieu et place et il pourra repousser les attaques des créanciers ultérieurs.

Troisième hypothèse.— Titius me prête une somme

---

(1) *L. II, tit. XIII, § VIII, Paul. sent.*

d'argent, à la condition que je lui donnerai en gage mon domaine, ensuite j'emprunte à Mœvius, et m'engage envers ce dernier à hypothéquer mon fonds, s'il est affranchi vis-à-vis de Titius. Dans ces circonstances Tertius me prête de l'argent pour que je désintéresse Titius, à la condition qu'il sera subrogé à Titius. Dans l'espèce on était d'accord pour donner à Tertius la préférence sur Mœvius (1).

On voit que deux conditions sont nécessaires pour qu'il y ait subrogation de Tertius : la première, qu'il soit formellement convenu que la somme prêtée servira à écarter le créancier ; la deuxième, que le préteur de denier se fasse lui-même constituer une hypothèque sur la même chose.

SECTION DEUXIÈME

DES MODES DE SATISFACTION ANALOGUES AU PAIEMENT

Les uns opèrent *ipso jure*.
Les autres opèrent *exceptionis ope*.

§ 1. — Modes de satisfaction analogues au paiement
qui opèrent ipso jure.

I. — Datio in solutum.

Il y avait controverse entre les Sabiniens et les Proculiens sur le point de savoir si la *datio in solutum*

(1) *L. XII, § VIII; liv. XX, tit. 4.*

opérait *ipso jure* ou *exceptionis ope*. Les premiers tenaient pour l'extinction *ipso jure*.

Je me place sous ce paragraphe au point de vue des Sabiniens, lorque la *datio in solutum* est faite *a non domino*, et que le créancier est évincé, quelle action a-t-il? Est-ce l'action de vente, ou l'action primitive? Considérons deux cas.

Premier cas. Le débiteur devait une somme d'argent et il a donné une chose en paiement. Il y a là une vente, une extinction *ipso jure* de toute action primitive; le créancier n'a pour protéger ses droits que l'*actio utilis ex empto*.

Deuxième cas. Une chose est donnée pour une autre. Comme les Sabiniens assimilaient à la vente le contract *do ut des*, la solution est la même que dans le premier cas. Le créancier n'avait que l'*actio ex empto in id quod interest*.

Ainsi dans toutes les hypothèses d'après l'opinion des Sabiniens, il y avait extinction des hypothèques *ipso jure*.

II. — *Novation.*

Le droit civil avait admis qu'on pourrait dissoudre une obligation en la remplaçant par une nouvelle contractée à sa place. — Toutes les obligations quelconques, qu'elles aient été formées *re, verbis, litteris*, ou *consensu*, qu'elles proviennent de contrats, de délits, ou comme d'un délit, toutes peuvent être novées, *omnes res transire in novationem possunt*. — Pour qu'il y ait novation, il faut nécessairement qu'il existe une première obligation. Du reste peu importe que cette obligation soit civile, ou prétorienne ou même purement naturelle.

Lorsque la novation est valablement faite, elle est de telle vertu qu'elle éteint tous les priviléges et hypothèques.

Primus emprunte 200 sesterces à Titius et lui hypothèque son bien à la garantie de cette dette ; depuis, il hypothèque ce même héritage à Caïus : après cela Titius fait un nouveau contrat avec lui et, ayant augmenté la première obligation de 200 autres sesterces, il s'en fait une nouvelle et Titius obtient encore un gage sur d'autres biens.

Le premier héritage hypothéqué ayant été vendu, il était question de savoir si, par cette novation, Caïus n'était pas devenu le premier créancier et s'il n'était pas préférable à Titius. Le premier créancier reste toujours créancier de 200 sesterces, mais Caïus lui est préférable pour les 200 sesterces que Titius avait empruntés depuis, aussi quoique le créancier ait augmenté la première obligation sous la même hypothèque, néanmoins par cette novation n'ayant fait qu'augmenter, il conserve la première place et la priorité de son hypothèque comme s'il avait succédé à lui-même.

Par la novation de l'obligation, celle-ci perd sa priorité ; il n'en est pas de même lorsqu'il ne se fait novation que des hypothèques, c'est-à-dire lorsqu'au lieu des choses engagées, l'on en cède d'autres ; *novatione obligatio mutatur, sed superioris ordo manet.*

Basnage cite un exemple emprunté à l'ancienne

jurisprudence, mais qui a rapport au droit romain et cadre avec ses décisions. Deux particuliers avaient contracté par échange ; depuis par un autre contrat, ils prirent d'autres rentes, et moyennant ce, le premier contrat demeurait nul ; un des contractants ayant été évincé de ce qui lui avait été baillé par le dernier contrat, il eut son recours sur les biens de son débiteur ; mais la question fut de savoir s'il avait hypothèque du jour du premier contrat, ou seulement du jour du dernier.

La raison de douter était qu'il y avait novation expresse parce que l'on s'était tellement départi du premier contrat qu'il était demeuré nul et de nul effet ; de cette façon l'ancienne hypothèque était entièrement éteinte par la dissolution volontaire du contrat ; on répond que l'ancienne obligation avait toujours subsisté, que *eadem causa debendi remanserat;* qu'il y avait novation d'hypothèque et non point d'obligation et qu'en ce cas, *pignora in obligatione novante repetita, intelliguntur repetita cum obligatione prioritatis,* ce qui est décidé en la loi 3 et en la loi 1, *credit.,* 12, P. *Papin., qui potiores in pign. — Si prior creditor posteà novatione factâ eadem pignora cum aliis accepit, in suum locum eum succedere.*

Si le créancier constitue en rente la somme d'argent qui lui était due, l'hypothèque de la première obligation conserve toute sa force et il ne se fait aucune novation.— Mais, quant aux arrérages, comme ils procèdent d'une nouvelle convention faite entre les parties, et que cette convention change en ce

point la nature de la première obligation, l'hypothèque ne peut commencer que du jour de la création
de la rente.

Toutes les fois que la novation n'aura pas été
complète, que la première obligation survit, l'hypothèque survivra puisque dans l'espèce l'hypothèque
ne s'éteignait que par l'extinction de l'obligation à
laquelle elle adhère.

Ainsi, il est entendu que la novation valable éteint
les hypothèques et le gage (1); à moins que cependant, avant que la novation ne soit consommée, les
parties n'aient convenu de réserver le droit au
gage (2).

On se demande de quelle façon peut s'opérer la
réserve dont s'agit.

A cet effet, distinguons trois hypothèses:

Première hypothèse. — La novation intervient
entre le même créancier et le même débiteur.

Dans l'espèce, nous dit Papinien, l'hypothèque qui
garantit la première obligation, garantit la deuxième,
tous les droits des autres créanciers sauvegardés et
conservés au même rang. On dit dans ce cas du
créancier qui fait novation qu'il se subroge à lui-
même, *in suum locum eum succedere* (3).

Deuxième hypothèse. — Un tiers a hypothéqué
un fonds à la sûreté de la dette d'autrui.

Dans l'espèce de quelque manière que la novation
s'opère, la réserve de l'hypothèque ne pourra avoir

(1) *L. XVIII, De novatione Dig.*
(2) *L. XI, § 1, Dig. de Pign. act.*
(3) *L. XII, § 5, Dig. qui potiores in pignore.*

lieu qu'avec le consentement du tiers qui est ici une espèce de caution réelle ; en effet la caution, soit réelle, soit personnelle, peut dire qu'elle s'est engagée dans telle et telle circonstance, mais qu'elle ne se serait pas engagée dans d'autres.

La même solution est à donner, si le débiteur ayant aliéné la chose hypothéquée, il s'opère ensuite une novation ; le consentement du tiers acquéreur devra être donné pour que l'hypothèque puisse être réservée.

Troisième hypothèse. — La novation s'est accomplie entre le créancier et un *expromissor*.

Le consentement du débiteur est nécessaire ; car ici, comme dans les autres espèces, le principe dominant c'est que la novation, même par expromission, éteint les hypothèques et autres droits accessoires. Un tempérament est apporté à cette règle, nous l'avons indiqué plus haut ; il est permis, en contractant, de réserver les hypothèques, mais pour cela il faut que les diverses parties contractantes y adhèrent.

C'est ce que nous fait comprendre la loi unique au Code *etiam ob chirograph.* Un pacte intervient entre le créancier et un *expromissor* qui achète plus tard l'immeuble. Au moment de l'achat, le créancier réserve son hypothèque ; elle frappera valablement l'immeuble (1).

III. — *Confusion.*

« La confusion qui s'opère lorsque la qualité de créancier et celle de débiteur viennent à se réunir

____

(1) *L. Uniq., Cod. etiam ob chirograph.*

dans la même personne, par exemple par l'effet d'une hérédité, est indiquée par les jurisconsultes comme éteignant civilement l'obligation ; *civiliter resolvitur cum in eamdem personam jus stipulantis promitten- tisque devenit* (1). Cependant, à vrai dire, l'obligation n'est pas éteinte, il y a seulement un obstacle venant des personnes à l'exercice de l'action, parce que nul ne peut s'actionner soi-même. Si cet obstacle vient à être levé, par exemple par l'effet de la querelle d'inofficiosité ou par celui d'une restitution, l'action renaîtra dans le premier de ces cas, ou devra être également restituée dans le deuxième » (2). Dans l'espèce les hypothèques renaîtront.

La confusion peut être volontaire ou forcée.

Dans le second cas on ne peut voir là un mode de satisfaction analogue au paiement ; ce serait contraire à l'esprit du Droit Romain et des stipulations.

Dans le premier cas, au contraire, il y a là un véritable paiement ou une satisfaction analogue, car par l'adition de l'hérédité, l'héritier aliène volontairement, abdique sa créance : *satisfactum autem accipimus quemadmodum voluit creditor, licet non sit solutum.*

§ 2. — MODES DE SATISFACTION ANALOGUES AU PAIEMENT QUI S'OPÈRENT (EXCEPTIONIS OPE).

I. — *Datio in solutum (dans l'opinion des Proculiens).*

Lorsque le débiteur livre au créancier une chose

<hr>

(1) *Dig. de solut.* 3.
(2) *Ortolan, Inst.; t. 2.*

pour une autre, que le créancier accepte, évidemment ils ont entendu, l'un faire un paiement, et l'autre en recevoir un. Mais leur intention à Rome ne pouvait suffire, parce qu'elle n'était pas conforme à l'état de la jurisprudence. Il n'y avait pas là un mode d'extinction régulier, légal, reconnu par le droit civil.

Néanmoins on s'attachait à l'intention et l'on accordait au débiteur une exception contre les attaques du créancier.

Sans doute lorsque la *datio in solutum* était opérée par le véritable propriétaire, il y avait extinction de l'hypothèque.

Lors, au contraire, qu'elle avait été faite à *non domino*, il y avait survivance de l'obligation et partant de l'hypothèque. Voir la loi 46 au Dig. de solution : « *Si quis aliam rem pro alia volenti solverit et evicta fuerit res, manet pristina obligatio, etc.*

II. — *Pactum de non petendo.*

Le créancier convient avec son débiteur qu'il ne lui demandera jamais le paiement de la créance.

Le débiteur aura pour repousser le créancier l'*exceptio pacti conventi*; il aura la même exception, si le créancier, au lieu de l'action personnelle, veut exercer l'action hypothécaire.

Que décider si l'immeuble hypothéqué se trouve entre les mains d'un tiers détenteur? Ne peut-on pas dire que le pacte *de non petendo* est personnel avec le débiteur avec lequel il a été contracté, qu'en conséquence il ne peut profiter qu'à lui seul? Non. Marcien déclare que l'exception *pacti conventi* peut être

invoquée par le tiers détenteur, attendu qu'en re-
mettant la dette, le créancier a entendu remettre
l'hypothèque qui la garantissait. Autrement la remise
serait illusoire (1).

III. — *Exceptio rei judicatæ.*

On a voulu soutenir que lorsque le juge avait rendu
une sentence inique d'absolution, l'hypothèque n'était
pas éteinte ; car il subsistait une obligation naturelle,
et il est admis que l'hypothèque garantit des obligations naturelles. *Ex quibus casibus naturalis obligatio consistit, pignus perseverare consistit* (2).

Nous sommes du même avis, en ce sens que
l'obligation naturelle peut être garantie par une
hypothèque, mais ce n'est point là la question. Il
s'agit de savoir non pas si l'hypothèque concédée *à
posteriori* par un débiteur injustement absous, est
valable ou non, mais si l'hypothèque constituée
comme accessoire d'une obligation civile, s'éteint
avec cette obligation par suite de la sentence du juge.

L'opinion contraire est d'autant plus erronée qu'elle
a contre elle l'esprit et le texte de la loi.

En intentant contre son débiteur l'action personnelle, le créancier s'en est remis d'avance et volontairement à ce que déciderait le juge, se considérant
comme satisfait par cette décision, fût-elle contraire à ses intérêts.

Lisons maintenant la loi 3 au Digeste, *quibus*

(1) *L. V, Quib. modis Pign. solv. Dig.*
(2) *L. XIV, § 1, Dig. de Pign.*

modis. Thryphonnius nous dit : *Si a judice, quamvis per injuriam, absolutus sit debitor, tamen pignus liberatur.*

IV. — *Du Serment.*

Si le créancier a déféré le serment au débiteur et que celui-ci ait juré qu'il ne devait rien, l'hypothèque comme l'action personnelle est éteinte. Le serment a le même effet que la *res judicata* (1).

On pourrait dire aussi que cette délation du serment ressemble à un pacte *de non petendo* tacite, et qu'il doit en avoir les mêmes effets.

CHAPITRE II.

DES MODES DE SATISFACTION NON-ANALOGUES AU PAIEMENT.

Comme dans le chapitre précédent, il y a des modes qui opèrent *ipso jure.*

D'autres qui opèrent *exceptionis ope.*

SECTION PREMIÈRE.

MODES OPÉRANT IPSO JURE.

1° Novation qui revêt la forme de l'expromission.
2° *Litis contestatio.*
3° Confusion forcée.
4° *Acceptilatio.*

(1) *L. XIII, Dig. quib. mod.*

I. — *Novation.*

Toutes les fois, nous dit Gaïus à propos d'une des espèces que nous allons expliquer, qu'il y a eu convention d'hypothèque et que l'argent n'a pas été soldé, ou qu'il n'y a pas eu un mode de satisfaction analogue au paiement, l'hypothèque n'est pas éteinte. Cette réflexion de Gaïus peut s'étendre à toute la matière que nous expliquons et nous servir de guide dans les solutions à donner. Pour confirmer cette idée, citons deux exemples. Un mineur de 25 ans se porte *expromissor* avec l'intention de nover : Il intente la *restitutio in integrum* et triomphe. Le créancier se retourne contre le débiteur primitif. Il y a ici deux actions : action personnelle et action hypothécaire ; pour la première qui est temporaire dans l'espèce, on demande à Pomponius si la restitution accordée au créancier prolongera le temps de l'action ou non. Il répond que non.

Pour la deuxième, il est d'avis que l'hypothèque a survécu et que l'on ne doit pas recourir à un moyen extraordinaire pour l'exercer. *Et pignus, quod dederat prior debitor, manet obligatum* (1).

Il en est de même dans une espèce qui a beaucoup d'analogie. Une femme malgré le sénatus-consulte Velléien intercède pour autrui ; elle invoque le sénatus-consulte dont s'agit et fait anéantir son expromission. Le créancier pourra-t-il recouvrer ses actions contre le débiteur primitif ?

(1) *L. L, In fin., Dig. de minor.*

Distinguons : Quant à l'action personnelle, elle est éteinte par la novation quelqu'informe qu'elle soit, mais cette obligation peut revivre à l'aide d'un moyen extraordinaire.

Quant à l'action hypothécaire, elle survit : *De pignoribus prioris debitoris non est creditori novâ actione ope, eum quasi Serviana quæ et hypothecaria vocatur, in his utilis sit, quia verum est convenisse de pignoribus nec solutam esse pecuniam.*

Cette dernière raison, que nous avons placée en tête de ce paragraphe, se comprend d'autant mieux que dans les deux espèces l'expromission par le mineur et la femme n'était pas un paiement ni un mode de satisfaction analogue, puisque ces deux personnes pouvaient faire évanouir le caractère nouveau, donné à l'obligation; qu'en un mot la novation n'était pas définitive.

II. — *Litis contestatio.*

Aliam causam esse novationis voluntariæ, aliam judicii accepti multa exempla ostendunt. Perit privilegium dotis et tutelæ, si dos in stipulationem deducatur, vel post pubertatem tutelæ actio novetur, si id speciliater actum est quod nemo dixit lite contestata, neque enim deteriorem causam nostram facimus, actionem exercentes, sed meliorem, ut solet dici in his actionibus quæ tempore vel morte finiri possunt.

La *litis contestatio* est donc une novation, c'est ce que Gaïus nous fait saisir dans cette formule nette.

Antè litem contestatam dare debitorem oportere; post litem contestatam condemnari oportere; post con-demnationem judicatum facere oportere : Ainsi deux novations, et néanmoins nous voyons que l'obligation primitive est éteinte et que l'hypothèque subsiste :

« L'ancien droit est éteint complétement *ipso jure* par une novation de droit civil si l'action exercée est une action personnelle *(in personam)*, légitime *(legitimum judicium)* et conçue *in jus* : — parce qu'alors le droit primitif est une obligation civile; le nouveau droit engendré par la *litis contestatio* est aussi une obligation civile de même nature; elle peut donc avoir la force de nover la première à laquelle elle se substitue. En conséquence, l'ancienne obligation est éteinte : *Posteà ipso jure de eâdem re agi non potest.*

Mais il en est tout autrement, c'est-à-dire, il ne s'opère aucune novation et l'ancien droit continue de subsister, si l'action intentée manque de l'une quelconque des trois conditions que nous venons d'indiquer :

En effet, elle est *in rem;* le droit primitif est un droit réel; or un droit réel ne peut être nové par une obligation, si elle est conçue *in factum,* l'intention n'énonce aucune question de droit.

Pourquoi l'obligation primitive est-elle éteinte, et l'hypothèque subsiste-t-elle?

Cette différence est fondée uniquement sur l'existence d'un fait; or un fait n'est pas davantage susceptible d'être nové, la novation qu'a engendrée la *litis contestatio* ne peut pas faire qu'un fait existe ou n'existe pas (Voir Ortolan, *Instit.*). »

J'ajoute que la *litis contestatio*, produisant une novation de droit civil, ne pouvait atteindre une obligation de droit prétorien, comme l'était l'hypothèque, de telle sorte que cette dernière échappait à l'extinction produite par la *litis contestatio*.

III. — *Confusion.*

Un fidéjusseur donne une hypothèque au créancier. Le débiteur l'institue pour son héritier, et le fidéjusseur fait adition. Sans doute le fidéjusseur ne sera plus poursuivi par les actions qui compètent contre les cautions ; mais l'hypothèque qu'il aura donnée continuera à garantir la dette, et cela dans tous les cas (1).

Un débiteur institue pour son héritier le créancier auquel il avait donné un gage ; mais il le charge par un fidéi-commis de restituer la totalité de l'hérédité à un tiers. Le créancier refuse de faire adition. Le préteur l'y contraint par le sénatus-consulte Pégasien. Il s'opère alors une confusion; il y a réunion sur la même tête de deux qualités qui se paralysent. Disons néanmoins que, soit que le gage soit encore entre les mains du fidéi-commissaire, soit qu'il soit en d'autres mains, le créancier aura toujours droit à son action hypothécaire. Le gage a survécu; il n'y a pas dans ce cas une véritable solution. Du reste, comme nous dit le jurisconsulte, une obligation na-

____

(1) *De solut. L. XXXVIII. § V. Dig.*

turelle survit à l'obligation première, et l'hypothèque conservée sert à lui imprimer la force qu'elle ne pouvait puiser en elle-même.

IV. — *Acceptilation*.

Lorsque en Droit Romain un contrat avait été entaché de dol ou de violence, le contrat vicié pouvait être attaqué par deux moyens, par l'action *quod metûs causâ*, ou la *restitutio in integrum* (1).

Ainsi un débiteur contraint par violence son créancier à lui faire acceptilation d'une dette garantie par une hypothèque.

Dans l'espèce, je suppose que le créancier intente l'action *quod metûs*.

Ou bien, par l'ordre du juge, les choses seront remises dans le même état qu'auparavant, et dans ce cas l'hypothèque continuera d'exister, puisqu'il est censé qu'il n'est rien intervenu.

Ou bien le débiteur se refusera à toute remise d'objets, et dans ce cas le juge le condamnera *in id quanti interest*.

Dans ce cas plus d'obligation primitive, plus d'hypothèque, c'est une dette nouvelle substituée à l'ancienne.

Lorsque le créancier agit par la *restitutio in integrum*, les choses seront replacées dans le même état qu'auparavant par une *cognitio extraordinaria*.

En tout cas, dans l'espèce, l'hypothèque survivra, parce que dans les changements opérés et disparus,

(1) Dig. Liv. iv, Tit. 1er. L. 1re, Tit. 2, L. 1re.

il n'y a pas eu de paiement ou de satisfaction analogue.

SECTION DEUXIÈME.

MODES D'EXTINCTION QUI N'OPÈRENT PAS IPSO JURE

1° Exceptions de procédure.

2° *Restitutio in integrum* accordée au mineur de 25 ans.

3° Expiration d'une action temporaire.

I. — *Exceptions de procédure.*

Sur la matière qui nous occupe, deux principes contraires sont admis en Droit Romain. Tantôt l'exception paralyse l'action et l'hypothèque elle-même ; nous en avons cité divers cas. — Tantôt l'exception détruit l'action personnelle, mais n'entrave aucunement l'exercice de l'action hypothécaire. Ce principe est admis assez généralement par cette raison que, dans la plupart des exceptions, le législateur, comme nous l'avons dit avec Gaïus, ne voit pas un mode de paiement véritable ou un mode de satisfaction analogue.

C'est ainsi que les hypothèques survivent malgré les exceptions *rei in judicium deductæ, litis dividuæ, rei residuæ, exceptio procuratoria* ou *cognitoria.*

II. — *Restitutio in integrum accordée au mineur de vingt-cinq ans.*

Ou bien le mineur de vingt-cinq ans a garanti par

une hypothèque une obligation valable, et dans ce cas il suffit qu'il soit lésé dans cette constitution, pour qu'il soit restitué et contre l'action personnelle et contre l'action hypothécaire. Ou bien la dette contractée par le mineur de vingt-cinq ans a été garantie par l'hypothèque que fournit un tiers.

Dans l'espèce, si le créancier a agi avec dol, s'il savait quel sort devait avoir l'emprunt du mineur, l'obligation dans ce cas est nulle *ipso jure*, de telle sorte que le tiers lui-même peut invoquer la nullité, puisqu'elle est absolue et que du reste si le contraire était admis, il aurait garanti le néant.

Si au contraire, il y a eu entre le créancier et le mineur contrat sans dol, nous donnerons, par analogie de ce que les jurisconsultes ont dit sur les fidéjusseurs, les décisions suivantes, d'après certaines distinctions.

Si le tiers a entendu garantir la possibilité de la *restitutio in integrum*, le mineur triomphant par la restitution, l'immeuble reste toujours hypothéqué.

Si le tiers a entendu simplement garantir le créancier contre l'insolvabilité du débiteur, la *restitutio in integrum* profitera au tiers.

Mais dans aucun cas, le tiers dont s'agit ne pourra user de cette arme, tant que le mineur ne s'en sera pas servi pour vaincre le créancier.

III. — *Expiration d'une action temporaire.*

L'expiration d'une action temporaire opère *exceptionis ope*. Elle laisser subsister une *naturalis obli-*

gatio ; et cette *naturalis obligatio* empêche l'hypothèque de s'éteindre. A l'époque classique, le premier
point est démontré par la loi 37 au Dig. *de fidejuss. :*
« *Si quis, postquam, tempore transacto, liberatus
est, ac fidejussorem dederit, fidejussor non tenetur,
quia erroris fidejussio nulla est.* »

Le deuxième point est expliqué et par le texte du
Digeste *pignus manet obligatum* de la loi 50 au
Dig. *de minoribus* et par les textes du Code *intel-
ligere debes vincula pignoris durare, personali
actione submota* (loi 2 au Code *de luit. pignoris*).

Dans la jurisprudence du Bas-Empire, il en est de
même ; l'hypothèque survit à l'obligation. C'est ce
que nous fait comprendre une constitution de Justin
(l. 7. § 1. C. *De Prescript.* xxx *vel* xl *ann.*).

Il nous dit que lorsque la chose hypothéquée est
restée entre les mains du débiteur, par quelque laps de
temps que l'action personnelle soit prescrite, l'action
hypothécaire dure quarante ans, *ex quo competere
cœpit,* c'est-à-dire du jour où elle a pu être mise en
mouvement.

DEUXIÈME PARTIE

EXTINCTION DE L'HYPOTHÈQUE PAR VOIE PRINCIPALE

L'extinction de l'hypothèque indépendante de l'extinction de la dette se produit dans les cas suivants :

Expiration du temps pour lequel l'hypothèque
avait été constituée.

Perte de la chose.

Mauvais usage que le créancier gagiste fait de la
chose dans certains cas.

Fin du droit de celui qui a hypothéqué la chose.

Réunion sur la même tête des deux qualités incompatibles de propriétaire et de créancier hypothécaire.

Prescription.

Renonciation de la part du créancier.

Aliénation de la chose hypothéquée.

I. — *Expiration du temps pour lequel l'hypothèque avait été constituée.*

Il peut se faire que l'hypothèque ait été restreinte dans l'acte constitutif à un certain nombre d'années. Ces années expirées, l'hypothèque ne peut plus subsister, de même qu'elle ne subsiste plus alors que le paiement a eu lieu ; c'est ce que nous dit la loi 6 au Digeste *quibus modis : Sed et si tempore finitum pignus est, idem dicere debemus.*

II. — *Perte de la chose.*

La perte de la chose entraîne la perte de l'hypothèque, et peu importe que la chose engagée fût corporelle ou incorporelle.

Il y aura encore perte de la chose et extinction de l'hypothèque si l'objet grevé se transforme en une espèce nouvelle. Ainsi on a donné en gage une forêt ; avec les arbres de cette forêt, on fait un navire ; le navire n'est pas hypothéqué, car, dit Cassius, autre chose est la forêt, autre chose le navire.

Que si la transformation n'a pas été complète, qu'il y ait eu plutôt adjonction ou diminution dans l'objet engagé, l'hypothèque subsiste. Une maison est transformée en jardin ; sur un terrain nu, on construit ; le jardin et le terrain, augmentés de ces constructions, continuent de garantir la dette.

On assimile à ces diverses espèces le cas où une maison et le sol étant hypothéqués, la maison s'écroule, le sol continue à être grevé (1).

Il est vrai néanmoins, que si quelqu'un avait acquis la place, après la démolition de cette maison, et qu'il y eût fait construire un nouveau bâtiment, il ne serait pas tenu de remettre le fonds et la superficie, s'il n'était remboursé de ses frais : cela n'a lieu qu'à l'égard de l'acquéreur de bonne foi ; car le débiteur ne pourrait pas demander le remboursement de ses frais ni empêcher la continuation de l'hypothèque sur la maison qu'il aurait rebâtie.

Si l'hypothèque porte sur un ensemble de choses, sur une *universitas*, un troupeau par exemple ; elle persiste, lors même que toutes les têtes de troupeau seraient renouvelées.

III. — *Mauvais usage que le créancier gagiste fait de la chose dans certains cas.*

L'abus que le créancier fait de la chose engagée n'éteint pas en principe le droit de gage. Mais cette règle générale comporte exception lorsque c'est une esclave qui a été donnée en gage et que le créancier l'a prostituée ou l'a forcée à faire quelqu'autre action illicite.

---

(1) *L. XXXV, Dig. de Pign.—L.* 29, § 2, *ej. tit. L.* 21. *Pignerat act.*

IV. — *Fin du droit de celui qui a hypothéqué la chose.*

Lorsque le possesseur d'une chose cesse d'y avoir droit, les hypothèques, qu'il avait consenties, ne peuvent subsister, encore bien que la résolution n'ait pas un effet rétroactif. *Dissoluto jure dantis resolvitur jus accipientis.*

Il y a des cas qui ne présentent aucune difficulté. L'extinction de l'usufruit amène celle de l'hypothèque constituée par l'usufruitier.

En second lieu, il y a des droits, qui n'ont pas comme l'usufruit, de durée déterminée ; mais cela n'empêche pas que la même règle ne soit suivie et que l'hypothèque ne s'éteigne, quand ces droits eux-mêmes prennent fin. Tel est celui qui compète au concessionnaire de l'*ager vectigalis* et à l'emphythéote : il dure tant que le preneur paie le *vectigal* — ou le canon. Mais dès qu'il cesse de remplir à cet égard ses engagements, la concession expire et avec elle l'hy-pothèque constituée par le concessionnaire.

Le créancier gagiste peut donner sa chose en gage à son propre créancier ; le sous-gage est constitué jusqu'à concurrence de la somme la plus faible. Mais il s'éteint par l'extinction du gage principal.

Pour décider les questions qui peuvent se présenter dans la matière qui nous occupe, il faut considé-rer si la résolution du contrat procède d'une cause nécessaire ; alors les hypothèques portées au contrat sont dissoutes ; mais quand elle n'a pour cause que la seule volonté de celui qui a contracté les hypothèques, elles ne laissent pas de subsister, parce qu'il n'est pas au pouvoir du débiteur de faire cesser l'hypothèque, quand il lui plaira.

Cette distinction est tirée de la loi *si res* 3. D. *quibus modis pignus vel hypotheca solvitur*, où nous trouvons l'exemple d'une résolution nécessaire et volontaire.

Un héritage avait été vendu, à cette condition que si, dans un certain temps, le vendeur trouvait un meilleur parti, la vente n'aurait point d'effet ; l'acheteur, sans attendre que le terme fût expiré, engagea ce même héritage, mais le vendeur en ayant trouvé davantage, il était question de savoir si l'hypothèque contractée par l'acheteur pouvait subsister ? Le jurisconsulte répond, que *luitur pignus meliore conditione allata*. La raison est que cette résolution se faisait nécessairement en vertu de la condition contenue au contrat, qui empêchait que le débiteur ne fût propriétaire irrévocable du fonds.

Dans cette même loi, l'on trouve l'exemple d'une résolution volontaire.

Si la chose avait été vendue, en cas qu'elle ne déplût pas à l'acheteur, et, qu'après avoir contracté des hypothèques, il consentît à la résolution de la vente, les hypothèques ne seraient pas éteintes, parce qu'il ne peut dépendre du débiteur que la chose soit ou non hypothéquée.

Mais il est souvent difficile de discerner si la résolution du contrat se fait par une cause volontaire ou nécessaire; en effet, que décider dans l'espèce suivante ? La résolution du contrat pour lésion de plus de moitié entraîne-t-elle l'extinction des hypothèques constituées par l'acheteur?

Les uns disent que oui, parce que, d'une part, l'acheteur rend volontairement la chose ; en effet, en offrant le supplément du prix il pouvait la conserver, et, d'autre part, lorsque l'hypothèque a été constituée, la constitution a été faite par le véritable propriétaire qui l'avait achetée purement et simplement, sans aucune condition suspensive et résolutoire.

Quant à moi, je pense sur la question que, le droit du vendeur ne subsistant plus, et étant censé n'avoir jamais existé, les droits accessoires doivent s'évanouir. Du reste, l'acheteur ne peut faire tort à son vendeur, vu que la chose ne lui appartient pas irrévocablement, et qu'il pourrait en être dépossédé. Il y avait là une espèce de condition résolutoire suspendue.

Du reste, un moyen s'offrait de concilier l'intérêt et le droit d'un chacun. Pourquoi le créancier n'a-t-il pas offert le supplément du juste prix et conservé ainsi l'immeuble? Il a abandonné par sa propre faute le seul moyen de sauver son hypothèque.

Il y avait difficulté grave parmi les jurisconsultes romains pour l'application de notre règle au cas où celui qui avait constitué l'hypothèque était propriétaire de la chose en vertu d'une *justa causa* pure et simple, mais résoluble sous condition.

Dans l'opinion générale des jurisconsultes, la condition résolutoire n'anéantissait pas la propriété sur la tête de l'acquéreur pour la faire revenir de plein droit sur celle de l'aliénateur. Elle créait seulement à la charge du premier l'obligation de la retransférer au second. Suivant ce système, les hypothèques que l'acheteur avait créées, étaient maintenues.

Mais, d'après Ulpien, la réalisation de la condition anéantissait la vente et les hypothèques.

La doctrine d'Ulpien a été consacrée par la législation de Justinien.

V. — *Réunion sur la même tête des deux qualités incompatibles de propriétaire et de créancier hypothécaire.*

Il peut arriver que le créancier hypothécaire devienne propriétaire de la chose hypothéquée. L'hypothèque ne peut subsister dans l'espèce puisque *nemini res sua servit.*

Cependant il n'y a pas extinction véritable du droit de gage ; il n'y a que paralysie dudit droit. Aussi reprend-il le mouvement et la vie, toutes les fois que le créancier hypothécaire a intérêt à faire valoir son droit, toutes les fois aussi que la confusion cesse par une cause originaire, dont l'effet est rétroactif à la naissance de la confusion.

Les hypothèses dans lesquelles le créancier a intérêt à exercer son droit hypothécaire, malgré la confusion, sont celles qui suivent :

Première Hypothèse. — Le véritable héritier intente contre le possesseur de l'hérédité la *hereditatis petitio ;* le procès se termine par une transaction, en vertu de laquelle le défendeur restitue au demandeur les choses de l'hérédité et de plus lui transfère la propriété d'un certain fonds. Ce fonds est grevé de deux hypothèques consenties : la première, au profit de la personne à laquelle a succédé le demandeur, la deuxième au profit d'un tiers.

Ce dernier intente contre l'héritier l'action hypothécaire, et l'héritier dans l'ignorance où il se trouve de l'hypothèque constituée au profit de son auteur, néglige d'invoquer l'exception de priorité. En conséquence, il livre l'héritage à son adversaire. Plus tard, il découvre la situation et intente l'action quasi-servienne contre celui auquel il a restitué l'immeuble. Il ne peut être écarté par une exception *rei judicatæ*, mais ne peut-il pas être repoussé par l'exception de confusion? Le jurisconsulte répond : *Verum est enim et pignori datum et satisfactum non esse* (1).

2° *Hypothèse.* — Un créancier, deuxième en hypothèque, achète la chose hypothéquée à la condition que le prix de vente servira à désintéresser le premier créancier. Le créancier acheteur, en agissant, n'a qu'un but, prendre le premier rang; de telle sorte que si des créanciers ultérieurs viennent exercer contre lui l'action servienne, il les repoussera par l'exception de priorité (2).

3° *Hypothèse.* — Le débiteur donne la chose hypothéquée en paiement au premier créancier. Dans ce cas encore celui-ci se servira de l'exception de priorité, contre les créanciers hypothécaires d'un rang inférieur (3).

(1) L. 3?, § 1. Dig. de Except. rei judicatæ.
(2) L. 17. D. Qui potiores in pignore.
(3) D. 1. Cod. Si antiquior creditor pign.

4° *Hypothèse.* — Un tiers achète la chose grevée d'hypothèques, à la condition que le prix d'achat servira à désintéresser les premiers créanciers. D'une part, il devient propriétaire de l'objet; d'autre part, il est subrogé. Il y a donc confusion; ce qui ne l'empêchera pas d'opposer aux créanciers hypothécaires ultérieurs qui pourront l'attaquer, l'exception de priorité.

VI. — *Prescription.*

Dans l'espèce, nous supposons que l'immeuble hypothéqué n'est plus en la possession du débiteur, mais a passé entre les mains d'un tiers détenteur.

Je rappelle qu'il ne faut pas confondre l'usucapion et la prescription : la première, était le moyen d'acquérir la propriété; la deuxième, une exception accordée au possesseur, pour repousser l'action de revendication. La première donnait le domaine de la chose avec les charges dont elle était grevée. Si un créancier avait sur elle un droit de gage et d'hypothèque, il le conservait après l'usucapion; la prescription, au contraire, pouvait être opposée, non-seulement au propriétaire, mais à celui qui, ayant un droit sur la chose, comme un droit de gage ou d'hypothèque, ne l'avait pas exercé.

Dans l'espèce, nous ne nous occupons que de la prescription — et nous allons distinguer sur ce point deux périodes :

1° Celle qui s'est écoulée jusqu'à la constitution de l'empereur Théodose;

2° Celle qui a son point de départ dans cette constitution.

1° **Période antérieure à la constitution de l'empereur Théodose.** — Comme je viens de le dire, l'usucapion et la prescription étaient régies par des règles différentes. L'une laissant subsister le droit de gage, l'autre donnant le moyen de le paralyser par une exception.

Le préteur, ce correcteur intelligent du vieux droit quiritaire, reconnut une injustice. Il voulut protéger le possesseur de bonne foi, et à juste titre ; il lui accorda la prescription *longi temporis*, lorsque la possession s'était prolongée par dix ans entre présents — et vingt ans entre absents. Peu importait du reste que la chose fût vendue par un *non dominus* ou un *dominus* ou qu'il s'agit d'un meuble ou d'un immeuble.

Mais dans l'espèce, le droit accordé au détenteur, d'opposer la prescription, laisse toute efficacité à l'action personnelle contre le débiteur.

L'héritier du débiteur qui a constitué le gage ne peut se protéger contre les attaques des créanciers hypothécaires, parce que l'héritier soutient la personne du défunt et revêt sa personnalité. Mais il n'est privé de ce droit que lorsqu'il possède le gage en sa qualité d'héritier, c'est-à-dire en son propre nom.

Dans l'espèce suivante, quoique héritier, il peut user de la prescription. Primus donne en gage le fonds Cornélien. Secundus poursuit la réalisation du gage ; Tertius, héritier de Primus, rachète l'immeuble, en désintéressant le créancier hypothécaire; on se demande si, dans l'espèce, l'héritier peut opposer aux poursuites du créancier la prescription *longi temporis?* Ulpien lui accorde ce droit; en effet, il est subrogé aux droits d'un tiers étranger au contrat d'hypothèque; il lui a succédé, et non à celui qui avait constitué le gage.

2° Période qui a son point de départ dans une constitution de Théodose. — D'après une constitution d'Honorius et de Théodose, désormais, le possesseur de mauvaise foi qui ne pouvait en aucune façon se soustraire à l'action hypothécaire, a pour se protéger la prescription de trente ans.

Justin va plus loin. Dans une constitution insérée au Code, L. 7, tit. 39, il déclare que désormais l'action hypothécaire, qui avait une durée illimitée lorsqu'elle était dirigée contre les débiteurs ou leurs héritiers, sera prescrite par le laps de quarante ans, à moins, dit-il, qu'il y ait eu convention, ou que l'âge ne soit une cause de suspension. Il maintient du reste la prescription d'Honorius et Théodose.

Il y avait controverse dans la jurisprudence sur le point de savoir, si un créancier premier en hypothèque, avait une action illimitée dans sa durée contre le créancier ultérieur qui détenait l'héritage, ou si son action était limitée à 30 ans par la constitution de Théodose.

Justin distingue et décide que si le débiteur commun vit, il y aura lieu à la prescription de 40 ans, parce que l'on considère que le créancier ultérieur possède pour le compte du débiteur.

Que si le débiteur est mort, la prescription ne sera plus que de 30 ans, parce que le créancier est censé posséder pour son compte.

Il pourra du reste joindre la possession antérieure à la mort à la possession postérieure.

Une constitution de Justinien insérée au Code, loi 8, tit. 39, règle divers points de détail.

1er *point.* — Si quelqu'un, dit-il, possède de bonne foi et à juste titre depuis 10 ou 20 ans, qu'il acquiert ainsi l'exception de prescription opposable au propriétaire et aux créanciers hypothécaires et qu'il vienne à perdre la chose, Justinien lui accorde le droit de la revendiquer, de telle sorte que la prescription produit le même effet que l'usucapion ; au lieu d'être simplement un moyen de défense, c'est un moyen d'attaque.

2e *point.* — Un tiers a acquis la prescription de 30 ou 40 ans, il perd la chose ; pourra-t-il, comme dans l'espèce précédente, revendiquer ?

S'il est de bonne foi, il aura le droit de revendiquer ; dans le cas contraire, il ne l'aura pas.

Mais ces décisions supposent que le tiers détenteur primitif n'a pas été dépossédé par violence ; car dans l'hypothèse contraire il pourrait la revendiquer dans tous les cas.

VII. — *Renonciation de la part du créancier.*

Le gage s'éteint lorsque le créancier y renonce : cette renonciation résulte, soit d'un contrat formel, soit d'une sûreté donnée à la place de la première, soit du consentement accordé par le créancier à la vente du fonds, ou à son engagement envers un tiers, soit enfin de tout fait qui révèle l'intention de renoncer.

§ 1er. — *De la renonciation expresse.*

Un pacte de ce genre arrête la poursuite des créanciers hypothécaires.

Si l'on convient que la moitié indivise ne sera pas hypothéquée; et que le fonds passe dans les mains d'un acquéreur, il n'y aura d'hypothéqué que la moitié.

Plusieurs co-propriétaires sont dans l'indivision; le créancier remet à l'un d'eux le droit de gage. Il va sans dire que si ce dernier possède le fonds tout entier, il ne pourra opposer la renonciation ou remise que pour sa part; soit, s'ils sont quatre, pour un quart.

Le pacte de remise peut intervenir non plus entre le débiteur et le créancier, mais entre l'un d'eux et le représentant de l'autre.

Le pacte de remise peut avoir été consenti par un *procurator in rem suam* du créancier; dans ce cas, le pacte peut être opposé même au *dominus litis*.

Le pacte de remise a été consenti par un procurateur du créancier ordinaire.

Dans ce cas le pacte n'a pas de valeur : cependant si le *procurator* avait un mandat spécial pour le cas qui nous occupe, le débiteur serait recevable à repousser l'attaque du créancier.

A ce propos, on se demande si le fils de famille et l'esclave peuvent conclure un pacte de ce genre, lorsqu'il s'agit de leur pécule. Nous savons qu'ils ne peuvent donner, mais assimilerons-nous à ce cas le pacte de remise? Non, ils pourront faire cette remise, surtout s'ils en reçoivent un prix.

On suppose en second lieu, que le pacte de remise intervient entre le créancier lui-même et le *procurator* du débiteur. — Dans l'espèce il n'y a pas à hésiter, le créancier n'est pas recevable à poursuivre hypothécairement.

Si le *procurator* était *in rem suam,* il sera repoussé par l'exception *pacti conventi.* Dans le cas contraire, par l'*exceptio doli,* à moins que la partie contractante n'ait été l'esclave du débiteur.

C'est un pacte réel qui profite au débiteur et à ses successeurs. Si l'héritier est soumis à la restitution d'après le sénatus-consulte Trébellien et qu'il intervient entre lui et le créancier un pacte de remise, ce pacte profitera au fidéi-commissaire.

§ 2. — *De l'acceptation par le créancier d'une autre sûreté à la place de l'hypothèque.*

Si le pacte pur et simple de remise produit effet, la convention en vertu de laquelle le créancier accepte une autre sûreté, met la première à l'abri de toute attaque.

Ainsi, on convient qu'à la place de l'hypothèque on donnera une caution. L'immeuble est affranchi du gage.

§ 3. — *Du consentement donné à l'aliénation de la chose engagée.*

Le consentement donné par le créancier à l'aliénation de la chose hypothécaire est censé contenir un pacte tacite de remise. Le créancier qui laisse vendre le gage, renonce à son droit (1).

En conséquence, si le créancier conclut à la vente de l'objet, s'il consent qu'il soit échangé ou donné en dot, l'immeuble est affranchi (2).

Néanmoins, l'aliénation peut se faire, sous la réserve de la part du créancier de tous ses droits. Dans ce cas, sous le bénéfice de ces réserves, l'aliénation ne peut nuire au créancier, qui conserve tous ses droits intacts.

A cette règle, se rapporte cette décision de Sévère et d'Antonin : si tu prouves que le fonds acheté par toi, et livré, l'a été au vu et au su, et du consentement de celle qui prétend aujourd'hui que le fonds lui était hypothéqué, tu pourras la repousser par le pacte de remise, parce que le contrat d'hypothèque se forme et se dissout par le consentement (3).

Que si le consentement à l'aliénation n'a été accordé que pour une partie de l'objet, le créancier conserve ses droits pour la partie non aliénée, ou à l'aliénation de laquelle il n'a pas consenti.

(1) *L. 158, de regn. juris. Gaius, Lib. 50.*
(2) *L. IV, § 1, Ulp. Lib. 73, ad ed.*
(3) *L. II, Cod. De remiss. Pign.*

Pour mieux comprendre la matière dont s'agit, nous allons successivement examiner :

1° A quelle aliénation et par quelle personne le consentement doit être donné pour qu'il y ait remise.

2° A quel moment le consentement doit être donné et quel est le consentement qui engendre cette remise.

3° Quels en sont les effets.

1° Le consentement, donné à toute espèce d'aliénation, entraîne la remise de l'hypothèque, car le mot de vente est pris dans un sens général. S'il avait permis à son débiteur de léguer l'objet, il y aurait renonciation (1).

Et, dans l'espèce que nous venons de citer, cela est si vrai, que l'hypothèque sera éteinte même au cas où il y aura renonciation de la part du légataire.

Dans la matière qui nous occupe, on assimile à une aliénation l'affranchissement d'un esclave engagé. Aussi Sévère et Antonin ont-ils décidé : si un esclave prouve qu'il a été mis en liberté et qu'il en a joui au vu et su de celle à laquelle l'esclave avait été donné en gage, le créancier sera censé avoir fait remise du gage ; de telle sorte que l'esclave sera affranchi et ne pourra être remis en servitude par l'héritier.

Néanmoins, cette remise du gage n'est engendrée que par le consentement donné par un capable. A ce propos, Gaïus nous dit : (l. 7, Gaïus, *lib. singul. ad*

---

(1) *L. VIII, § 11, Mess. libr. sing. ad formul. hypothec.*

formul. hypothec.) Le créancier consent à la vente,
l'hypothèque est libérée. Mais, dans l'espèce, le
consentement du mineur ne doit avoir d'efficacité
qu'autant que le mineur est assisté de son tuteur; au
surplus, le tuteur peut agir seul, si le juge a estimé
qu'il y avait à en retirer quelque avantage ou quelque satisfaction analogue.

2° Il n'importe que le consentement soit postérieur
à la vente, pourvu que le créancier l'ait ratifiée (1),
car la ratification ayant un effet rétroactif au contrat,
elle a la même force que s'il était intervenu, lorsque
la vente fut faite :

Peu importe du reste que le consentement soit
exprès ou qu'il résulte de certains faits;

Si le créancier a signé au contrat de vente, il est
censé consentir; à moins qu'il n'apparaisse clairement qu'il a été trompé; du reste le dol entache tout
consentement;

La volonté de remettre le gage se présume même
dans l'espèce suivante :

Titius a hypothéqué un fonds à Sempronius; il
l'hypothèque ensuite à Gaius Seius, enfin il vend ce
même fonds à Sempronius et à Gaius Seius auxquels
il l'avait hypothéqué intégralement auparavant; on
se demande si cette vente a produit l'extinction du
gage. Modestin répond : aucun des deux acheteurs
n'aura conservé d'hypothèque sur la part de l'autre,
à raison du consentement réciproque qu'ils ont donné
à la vente (2). A plus forte raison le créancier est-il

(1) L. *Si debitor, si incenit. D. quid mod. pign. nec hypothec. solcit.*
(2) *L. 9. Mod. est. Lib. se repons.*

censé avoir consenti à l'aliénation s'il s'engage avec le créancier qui aliène le fonds.

Lucius Titius, débiteur de sa femme Gaia Seia, lui avait hypothéqué certains fonds, puis il avait, de concours avec sa femme, donné ces mêmes fonds en dot à sa fille, qui se mariait à Sempronius. Ensuite Lucius Titius vient à mourir. Septilia, sa fille, use du droit d'abstention ; l'action personnelle ne peut être intentée par la mère contre sa fille puisque l'abstention l'arrête ; l'action hypothécaire ne peut non plus suivre son cours, puisque la mère est censée avoir remis le gage en concourant à la dot d'une fille commune.

La simple signature ou la simple présence au contrat ne suffit pas toujours pour la remise du gage. Le juge aura dans l'espèce un grand pouvoir d'appréciation. Il devra examiner si celui qui a signé était partie principale ou intervenante au contrat, si le témoin a signé comme étant son affaire ; *si suum negotium gessit, agebat; aut suum negotium agi intelligebat.* Sa signature induit un consentement et une renonciation à son droit, et c'est l'espèce de la loi *si consensit* et de la loi seq. § *non videtur : De quibus modis pignus solvitur : etsi creditor subscripserit, consensisse videatur, nisi manifestè appareat deceptum fuisse,* en la loi *fidejuss.* § 1, Dig. de pignor., *cum suâ manu pignori futuram suam domum sciens scripserit, consensum ei obligationi dedisse manifestum est.* Mais lorsque quelqu'un n'a

_____
1) L. 9. *Modest. Lib. se respons.*

été appelé au contrat que comme témoin, et qu'il n'était pas question de son hypothèque, mais simplement d'attester par sa signature la vérité de ce qui se passait, sa présence au contrat ne lui doit porter aucun préjudice, comme il est décidé en la loi Titia, § 8, *Lucia de legat.*

Le créancier ne doit pas être censé avoir consenti à la vente, pour l'avoir connue et ne s'y être pas opposé, son inaction s'explique parce qu'il sait qu'armé de son droit de suite, il pourrait poursuivre en toutes mains le remboursement de sa créance.

Néanmoins, il y a une espèce où son seul silence fait présumer la remise du gage.

Il y a *distractio bonorum* contre le débiteur, les créanciers sont avertis par la publicité, ils sont présents; ils ne poursuivent pas la réalisation de leur gage, ils peuvent être censés avoir perdu leur gage (1). Je fais observer ici que la femme ne peut perdre son hypothèque que par un consentement exprès, et une renonciation générale ne serait pas suffisante. — (L. *Jubemus*, c'est-à-dire *Senat. velleianum*).

3° Pour que le consentement donné à l'aliénation du gage entraîne la remise du gage, la vente doit avoir lieu, autrement il serait considéré comme non avenu.

Marcianus nous dit : Si par la volonté du créancier, le fonds a été aliéné, le créancier ne peut prétendre droit, pourvu que la vente ait eu son effet,

____

(1) L. 6. *Cod. de remiss. pign. Diocl. et Maxim.*

car s'il n'a pas vendu, la seule volonté de vendre ne peut suffire à repousser le créancier.

Remarquons que l'effet de la vente est produit dès que le contrat est intervenu; ainsi, si le débiteur vend la chose et ne la livre pas, le créancier ne pourra exciper de la non livraison pour retenir son droit de gage, car dans l'espèce l'acheteur est armé de l'action *ex empto*, et l'acheteur doit être considéré comme ayant la chose même en sa possession en vertu de la règle : *qui habet actionem ad rem recuperandam, ipsam rem habere videtur.* — Du reste, le créancier commettrait un dol, s'il voulait empêcher la livraison d'une chose à la vente de laquelle il a consenti.

Peu importe aussi que le vendeur n'ait pas encore son prix, ou que l'acheteur ne soit pas disposé à le solder; car le vendeur a un droit de rétention sur l'objet vendu, que l'acheteur peut faire cesser d'un instant à l'autre en payant.

Le consentement sera non avenu si la vente est nulle, pour quelque cause que ce soit, car le consentement est toujours présumé donné sous cette condition, *si venditio valida sequatur*.

Que si après la vente ou donation, faite du consentement du créancier, la chose vendue ou donnée retournait en la possession de l'obligé soit par acquisition, permutation, succession, ou par quelque autre titre, deviendrait-elle de rechef affectée à la dette de ce créancier et son hypothèque pourrait-elle renaître?

Avant de résoudre cette question, autrefois controversée, parcourons quelques espèces.

S'agit-il d'une vente simulée, destinée seulement à libérer la chose entre les mains du débiteur, par un consentement surpris à la bonne foi du créancier, il est évident que l'hypothèque n'a jamais été éteinte.

Il en sera de même si le vendeur et l'acheteur se sont départis de la vente, ou bien si le vendeur, ayant été poursuivi par l'action *ex empto*, a gardé la chose, en se laissant condamner *in id quanti interest* (1).

Dans tous ces cas, l'exception *remissi pignoris* ne serait pas fondée, la remise n'ayant été accordée qu'en vue de la vente, et la vente étant ou frappée de nullité, ou considérée comme n'existant pas, ou anéantie.

Revenons maintenant à la question telle que nous l'avons posée. Sur cette question l'on trouve deux lois formellement contraires; le jurisconsulte, en la loi *Sicut* § 8 *supercavuum* Dig. *quibus modis hypoth. solvit*, dit qu'il n'y a pas de doute que la chose étant retournée entre les mains du débiteur, le créancier conservera son hypothèque. — Au contraire Justin, en la loi *solita* cod. *de remiss. pign.*, décidant cette difficulté, veut qu'encore que l'on peut dire, que la première hypothèque était renouvelée, qu'elle était générale de tous biens présents et à venir; néanmoins que le créancier, ayant renoncé à son droit, il est indigne d'y rentrer.

Les interprètes ont inventé plusieurs distinctions pour concilier ces deux lois. Mais il faut dire que Justin avait corrigé le droit ancien, qui parait néanmoins

---

(1) *L. X, Dig. Quib. mod.*

équitable ; en effet en vertu de la clause générale de
tous biens présents et à venir, tout ce que le débiteur
possède au temps du contrat et qu'il peut acquérir
dans la suite est susceptible d'hypothèques.

Pourquoi donc les biens que le débiteur a vendus,
et qui retournent ensuite en sa possession, seront-ils
moins affectés à ses dettes que tous les autres biens
dont il acquiert la propriété ?

Il peut se faire que l'acheteur de la chose hypothéquée devienne l'héritier du vendeur avant d'avoir payé
le prix destiné à désintéresser le créancier. Il est
propriétaire *jure emptionis*. Il peut donc repousser
le créancier, puisque le consentement à l'aliénation
a entraîné la remise du gage ; il peut opposer l'*exceptio remissi pignoris*. Le créancier lui répondra
par la *replicatio doli;* il y a dol dans cette façon
d'agir de l'acquéreur dont les dispositions sont prises de telle façon, qu'il éteint la dette du prix affecté
au paiement du créancier ; il y a là un *dolus in re*.
L'équité se trouverait blessée si le propriétaire pro-
fitait d'un semblable arrangement (1).

Pour éviter toute difficulté, le créancier ne doit accorder l'autorisation de vendre, que si le débiteur lui
fournit caution de le désintéresser (2).

Pour que le consentement entraine la déchéance
du gage, il faut que l'aliénation ait été consommée
de la façon entendue par le créancier et les parties.
Du reste il y aura là souvent une question de fait

(1) *L. VIII*, § *8*, *ff. quib. mod.*
(2) *L. VIII*, § *10*.

abandonnée à l'appréciation du juge. — Espèce. Le créancier avait autorisé la vente ; au lieu d'être vendue, la chose a été donnée. Le débiteur jouira-t-il de l'exception *remissi pacti ?* — Non ; l'aliénation n'aura pas eu d'effet quant au point qui nous occupe. — Si au lieu de faire une simple donation, le débiteur donne la chose en dot ; dans ce cas, il est présumé avoir vendu, pour permettre aux nouveaux époux de supporter les charges du ménage. — Retournons l'hypothèse. Le débiteur avait le droit de donner, il a vendu ; le créancier perdra son recours, à moins que quelqu'un ne prouve qu'il n'avait permis de donner qu'à raison de l'amitié qui l'unissait au donataire (1).

Mais en dehors de ce cas particulier et de la restriction qui précède immédiatement, le créancier qui autorise la donation est présumé, par là même, autoriser l'aliénation à tout autre titre.

De là cette règle, qui peut donner peut vendre (2) ; car qui peut le plus peut le moins (3).

Nous pouvons décider que si le débiteur n'a pas observé les termes et conditions, imposés par le créancier au contrat de vente, l'aliénation sera considérée comme non avenue.

Le créancier permet de vendre dix. Le débiteur ne vend que cinq, le créancier sera repoussé par l'exception *remissi pignoris* (4).

S'il y a eu autorisation de vendre dans l'espace,

---

(1) *L. VIII, § 13, quib. mod.*
(2) *L. XIII, de regul. Jur. Ulp. Lib. 55, ad red.*
(3) *L. XXI, de Tit. Ulp. Lib. 27, ad sabin.*
(4) *L. VIII, § 11, Quib. mod.*

d'un ou de deux ans, la vente faite au-delà de cette époque ne peut nuire au droit de gage (1).

Enfin, il ne suffit pas que toutes les conditions énumérées plus haut soient remplies, il faut encore que l'aliénation soit faite par la personne qui a reçu autorisation, et non par une autre.

Le débiteur obtient autorisation de vendre; il cesse de posséder; le nouveau possesseur vend, le droit de suite persiste-t-il? Sans nul doute; que si l'autorisation a été donnée au nouveau possesseur, le créancier n'aura plus de recours (2).

Si l'autorisation de vendre a été concédée au débiteur, et que son héritier en use, c'est une question d'appréciation d'intention du créancier.

Mais le jurisconsulte décide qu'il y a eu aliénation portant son effet (3).

§ 4. — *Le créancier consent à ce que la chose à lui hypothéquée soit hypothéquée à un autre.*

Sempronius, le premier créancier hypothécaire, laisse le débiteur hypothéquer le même fonds à un troisième créancier, il est censé avoir remis son droit de gage; mais remarquez que le troisième créancier ne prend pas sa place, la position du second créancier devient meilleure, et cela est vrai quand même il s'agirait de l'État; car l'État est soumis

(1) *L. VIII, § 18, Quib. mod.*
(2) *L. VIII, § 17, Quib. modis.*
(3) *L. VIII, § 16, Quib. modis.*

comme les particuliers aux règles de priorité ou de postériorité (1).

Néanmoins il y a là une question de fait que le juge doit apprécier.

Le débiteur constitue une hypothèque; il fait le même pacte avec un autre de ton consentement. Marcianus nous dit que le second l'emportera. Que si le débiteur désintéresse le second créancier, devra-t-il te désintéresser?

On devra examiner quelle a été l'intention des parties contractantes : A-t-on voulu convenir que le créancier qui a permis d'hypothéquer au deuxième s'est désisté d'une façon absolue de son droit de gage? Ou le créancier autorisant n'a-t-il voulu simplement qu'intervertir les rangs et céder le sien au second créancier (2)?

Peu importe, dans l'espèce, comme dans les précédentes, que le consentement soit tacite ou exprès. Il peut être tacite : ainsi le créancier a signé dans le contrat, en vertu duquel le débiteur a constitué l'hypothèque au second créancier : Titius avait prêté de l'argent à Séius, à la condition de recevoir une hypothèque; ce fonds était déjà hypothéqué à l'État; le second créancier désintéresse le premier. Mœvius intervient, et dit qu'il a une hypothèque antérieure à celle de l'État. Mais on prouve que Mœvius est intervenu, a même signé dans le contrat, en vertu duquel le second créancier désintéresse le premier et

<hr>

(1) *L. XII. Paul. Lib. 5, respons.*
(2) *L. II, § 1. — Qui potiores.*

se met à ses lieux et place. On avait même prévu
dans ce contrat que le fonds ne pouvait être affecté
à aucun autre qu'au second créancier. Mœvius a-t-il
quelque action réelle ? Non, répond Modestinus (1).

§ 5. — *Circonstances diverses d'où peut résulter la renonciation à l'hypothèque.*

Le créancier de ton beau-père avait de lui une
hypothèque et une caution, il remet la caution, il est
censé par là même remettre l'hypothèque.

De même si le créancier remet au débiteur les
choses qui ont été données en gage, non point pour
qu'il les possède à précaire, mais avec l'intention
de les lui abandonner définitivement ; il y aura là
une remise du gage lui-même (2).

La remise du gage résultera encore de la remise
volontaire faite par le créancier au débiteur de l'écrit
qui constate la constitution d'hypothèque, de la circonstance que le créancier a fait remise de la dette,
quand bien même, par un motif quelconque, cette
remise serait frappée de nullité, à supposer que le
vice qui l'infecte ne soit pas de nature à exercer son
influence sur la remise du gage.

Titius vend à Secundus le fonds Cornélien, il touche une partie du prix ; pour le reste, il se fait donner
hypothèque sur ledit fonds ; mais, plus tard, il fait

(1) *L. IX. Quib modis.*
(2) *L. IX. Cod. de luit Pign.*

donation du reliquat du prix à l'acheteur en lui re-
mettant l'obligation. Il meurt; la donation est décla-
rée nulle, soit à cause de la loi Cincia, soit parce
qu'elle est intervenue entre personnes incapables de
se donner, comme entre conjoints.

Le fisc avait succédé au vendeur dans son droit
d'hypothèque ; on lui refusa tout recours puisqu'il y
avait eu remise du gage par suite de la donation, et
à bon droit; car la donation est nulle, parce qu'elle
constitue une donation prohibée, c'est-à-dire une
donation diminuant le patrimoine du donateur pour
augmenter celui du donataire. Mais la renonciation à
l'hypothèque qui dans la pensée du donataire devait
être la conséquence de la remise de la dette sera
maintenue, cette renonciation ne constituant pas
une donation proprement dite, parce qu'elle ne contient pas un appauvrissement pour le donateur, ni un
enrichissement pour le donataire.

Néanmoins, il est à remarquer ici que, si le pacte
duquel résulte implicitement la remise est nul pour
défaut de consentement, cette nullité atteindra la renonciation à l'hypothèque (1).

La renonciation du créancier éteint-elle l'hypothèque *ipso jure* ou *exceptionis ope* ?

Les avis sont partagés : Pour ma part, j'adopte
l'opinion de Cujas qui opte pour l'extinction *exceptionis ope.*

Pour nous en convaincre, rétablissons la formule
hypothécaire.

(1) *L. V, Cod. De remis. Pign.*

*Si parel rem in bonis debitoris fuisse eo tem-
pore quo de pignore convenit neque pecunia soluta sit, aut eo modo satisfactum fuerit;* c'est-à-dire
dans l'intention, le créancier soutient : 1° que la
chose était *in bonis debitoris* au moment de la constitution d'hypothèque ; 2° que depuis cette époque il
n'y a eu ni paiement, ni satisfaction analogue.

La renonciation à l'hypothèque, est-ce un paiement? Non. — Est-ce une satisfaction analogue?
Non. — Ce n'est donc pas un moyen direct de défense contre l'intention. Donc c'est par voie d'exception qu'on agira.

Du reste la loi 17, § 2, *De pactis*, nous donne
raison : *De pignore*, ait Paulus, *jure honorario nas-
citur pacto actio; tollitur autem per exceptionem
quotiens paciscor ne petam.* Il s'agit là sans doute
d'un pacte *de non petendo* portant sur la dette elle-
même. Mais l'espèce que nous expliquons n'est-elle
pas analogue, puisque le pacte *de non petendo* tacite
porte sur l'hypothèque, indépendamment de la
créance.

Il est en conséquence juste de dire que la renonciation du créancier est un mode d'extinction de
l'hypothèque *exceptionis ope.*

Néanmoins, je fais observer que je ne déciderai
pas de même, lorsque la renonciation résulte de la
dation d'une sûreté à la place d'une autre. Dans
l'espèce, *l'intentio* est combattue directement par le
débiteur, qui peut certainement assimiler ce cas à un
cas de satisfaction.

Au surplus, la loi *de pactis* ne s'oppose pas à cette

solution, puisqu'elle prévoit le cas d'un simple pacte *de non petendo*.

VIII. — *Aliénation de la chose hypothéquée.*

Le débiteur ne peut jamais, par quelque acte que ce soit, causer de préjudice à son créancier, ni affaiblir ou diminuer les hypothèques qu'il a consenties. Soit qu'il vende, donne ou échange son bien, nonobstant tous ces contrats, le créancier peut poursuivre son gage. *Debitorem neque vendentem, neque donantem, neque fideicommissum relinquentem posse deteriorem facere creditoris conditionem certissimum est.*

Lorsqu'il vend, il vend (1) l'immeuble tel qu'il est avec ses charges; l'hypothèque suit l'immeuble en toutes les mains dans lesquelles il passe. Néanmoins il est trois cas dans lesquels ce principe reçoit exception.

1re *Exception.*

Un débiteur a donné en gage à son créancier un magasin : les marchandises qui s'y trouvent, sont nécessairement affectées. Mais si les marchandises qui garnissent le fonds au moment de la constitution du gage sont vendues et remplacées par d'autres, et que le débiteur vienne à mourir en ce moment; dirons-nous que le créancier pourra poursuivre par l'action hypothécaire toutes les marchandises qui garnissent le fonds de commerce? Le jurisconsulte dit que oui :

---

(1) *L. XVIII*, § 2, *Dig. de pign. act.* — *L. XIV, de etirt. Cod.* — *L. X, Code de remissi Pign.* — *L. XV, Code de Pign.* — *L. XII, Code de distract. Pign.,* etc.

Il y a sur ce point les observations suivantes à faire.

La vente des marchandises purge l'hypothèque, mais l'hypothèque ne s'éteint pas, tant que des marchandises garnissent le fonds, qu'elles soient nouvelles ou anciennes, peu importe le changement (1).

Bien que dans l'espèce le jurisconsulte ne parle que d'une *taberna*, il faut néanmoins étendre sa décision par voie d'analogie à toute *universitas* qui serait hypothéquée, et qui comprendrait les choses dont la destination consisterait à être vendues.

2e *Exception.*

L'hypothèque porte sur des esclaves : si on peut les affranchir on peut les aliéner, et nous donnerons pour l'aliénation les mêmes décisions, que les jurisconsultes donnent pour l'affranchissement.

Les jurisconsultes distinguent : au cas d'une hypothèque générale, le débiteur confère un affranchissement valable. Au cas d'une affectation spéciale d'esclaves au droit du gage, l'affranchissement est nul. S'il s'agit d'une hypothèque tacite, qui ne porte que sur ces objets, l'affranchissement est valable, ainsi le locataire affranchit définitivement les esclaves qui garnissent sa maison, si l'affranchissement est intervenu avant l'apposition des scellés (2).

Remarquons toutefois que les jurisconsultes ne donnent pas la même décision dans le cas où le tuteur donne la liberté à des esclaves achetés avec l'argent de son pupille; ces esclaves comme toutes

(1) *L. XXXIV, Dig. Lit. 20. Tit. 1.*
(2) *L. III, 1, II, VI, Code de servo Pign. dot. manum.*

choses acquises de l'argent du pupille, sont hypothéqués légalement au profit de ce dernier, la faveur accordée au pupille en empêche l'affranchissement (1).

3° Exception.

Lorsqu'un héritier bénéficiaire vend les choses hypothéquées pour payer les créanciers et les légataires, ni l'héritier ni l'acheteur ne peuvent être recherchés à raison de cette aliénation. L'action hypothécaire ne peut plus s'exercer que contre les créanciers postérieurs ou contre les légataires détenteurs des dits objets (2).

Nous allons examiner maintenant trois hypothèses dans lesquelles l'aliénation a été faite.

1re *hypothèse.* — Aliénation consentie par le créancier hypothécaire.

Il y a deux cas dans l'espèce : 1er *cas.* — L'aliénation est consentie par le créancier, premier en hypothèque, qui a le *jus vendendi,* soit par constitution primitive, soit par un événement ultérieur. La vente purge toutes les hypothèques ultérieures (3).

2e *cas.* — La vente a été consentie par un créancier qui ne serait pas investi du *jus vendendi.* Dans ce cas elle laisse subsister les hypothèques soit antérieures, soit postérieures.

(1 *L. IX et VI. Dig. in quib. cavs. Pign. conf, loi 59. D. locati.*

(2) *Liv. VI, lit. 30, loi 22.* — § 5 à 8. *Code.*

(3) *L. VI et VII, Cod. de oblig et action.* — *L. VI, Code, qui pot. in pignore.*

2ᵉ hypothèse. — Aliénation consentie par le fisc.

« Un édit du divin Marc-Aurèle donna à celui qui
» aurait acheté du fisc une chose appartenant à au-
» trui le droit de repousser par exception le proprié-
» taire de cette chose, si depuis la vente, cinq ans se
» sont écoulés, mais une constitution de Zénon, de
» glorieuse mémoire, garantit complétement ceux
» qui reçoivent quelque chose du fisc, soit par vente,
» soit par donation, soit à tout autre titre ; elle or-
» donne qu'ils aient dès l'instant pleine sécurité, et
» qu'ils obtiennent gain de cause, soit qu'ils atta-
» quent, soit qu'ils se trouvent attaqués ; quant à ceux
» qui croiront avoir quelque action pour des droits
» de propriété ou d'hypothèque sur ces choses, il
» leur est accordé quatre ans pour l'intenter contre
» le sacré trésor.

» Une constitution impériale que nous avons dernniè-
» rement promulguée étend à ceux qui auront reçu
» quelque chose de notre maison ou de celle de l'Im-
» pératrice les dispositions de la constitution de Zénon
» sur l'aliénation du fisc (1). »

3ᵉ hypothèse. — Adjudication prononcée par *l'ar-
biter familiæ erciscundæ* ou *communi dividundo.*

Il arrive souvent, surtout lorsqu'il y a décès et par
suite héritage, qu'une chose appartienne par indivis
à deux personnes, c'est-à-dire que leur propriété
s'enchevêtre, s'entre-croise sur la même chose, et
que chaque molécule d'une propriété rencontre chaque molécule de l'autre.

____

(1) § 11. *aux Instit. lib. de usucap.* — *Code de quadrienni prescriptioni,*
liv. 7, tit. 37.

A Rome, comme chez nous, cet état n'était pas favorable, et le législateur donnait le moyen d'en sortir. Il y avait à Rome deux actions pour sortir de l'indivision.

La première, c'était la *familiæ erciscundæ*, lorsqu'une universalité était dans l'indivision ; la deuxième, la *communi dividundo*, lorsqu'il n'y avait dans l'indivision qu'une chose déterminée.

Quand au moyen de ces deux actions on sera sorti de l'état d'indivision, et que chacun des co-propriétaires aura un droit certain, que deviendront les charges, les hypothèques, les servitudes dont l'un des deux aura pu grever la propriété, tant que durait l'indivision?

L'hypothèque notamment ne portera-t-elle désormais que sur la partie du constituant, ou embrassera-t-elle la totalité?

Pour résoudre cette question, il faut se fixer sur le point suivant.

Le partage est-il en droit romain déclaratif de propriété, c'est-à-dire chaque héritier est-il censé avoir succédé à la part qui lui est attribuée au jour du décès, ou translatif, c'est-à-dire chaque héritier ne succède-t-il à la chose que du jour du partage?

Dans le premier cas, l'hypothèque ne peut plus subsister, si la chose passe dans un lot autre que celui du constituant, puisque ce dernier n'a jamais eu la propriété, *resoluto jure, etc.*

Dans le deuxième cas, l'hypothèque subsiste sur la totalité de l'immeuble, car la mutation de propriété qui s'est opérée du débiteur à un autre n'a pu nuire au créancier; comme je l'ai dit plus haut, le débiteur ne peut jamais, par quelque acte qu'il puisse faire, causer un préjudice à son créancier.

A Rome, le partage était translatif, de telle sorte que les hypothèques, constituées pendant l'indivision, frappaient la totalité de l'immeuble, et grevaient même la part de celui qui était étranger à cette constitution. C'était rigoureux; mais les jurisconsultes Romains, avec leur logique inflexible qui ne cédait presque jamais à l'équité, n'avaient pu se résigner à reconnaître au juge la faculté de porter atteinte aux droits des parties.

Ce n'est pas que les jurisconsultes Romains n'eussent aperçu les inconvénients pratiques attachés à cette décision, et ils avaient cherché à y parer à l'aide des deux procédés que voici : 1° « la part déterminée mise dans le lot du copartageant non débiteur, pouvait être estimée, déduction faite de la dette (1); 2° le copartageant débiteur pouvait donner au copartageant non-débiteur le droit de vendre la portion indivise de son lot qui était restée libre. » Ce deuxième pacte conférait une hypothèque avec le *jus vendendi* la part du non-débiteur; ces deux procédés étaient insuffisants.

Les inconvénients de ce système avaient tellement frappé l'esprit de Trébatius, que, faisant fléchir la logique des principes à l'utilité pratique, il voulut donner un caractère déclaratif au partage. Il estimait, sur la question qui nous occupe, *non tantum par-*

____

(1) *L. 6, § 8, ff. Com. divid.*

tem manere obligatam , quæ per divisionem debi-
tori contigisset.

Mais son opinion est unique à Rome, et Labéon lui répondait *jus creditori ante divisionem quæsitum non potuisse arbitrum inter alios vindicando mutare* (1).

Je préfère la fiction de notre droit, art. 883. — Cette fiction concilie tous les intérêts, tout en respectant les principes juridiques.

De l'effet translatif de l'adjudication découle cette conséquence que si le *de cujus* a imposé la charge de legs à un seul des héritiers, le fonds mis dans le lot de l'héritier non grevé y passe affecté pour une portion indivise de l'hypothèque née du chef de l'autre héritier, de telle façon que le copartageant non débiteur est du moins tenu comme tiers détenteur.

Dans la législation, où l'effet déclaratif existe, il y a un autre résultat ; l'héritier est censé avoir toujours possédé son lot, de telle sorte que son lot n'est pas atteint par l'hypothèque du légataire.

C'est de ce principe que les copartageants acquièrent les choses grevées des charges que leur ont imposées les copartageants, que découle la constitution de l'hypothèque légale par Justin au profit des légataires (2).

Aux termes de cette constitution, le légataire ne peut poursuivre chacun des héritiers, même par l'action servienne, que *pro portione hereditaria.* Cette

---

(1) *L. Qui fund. D. De l'usufr. leg.*
(2 *L. 1, Cod. comm. de legat.*

règle n'a rien qui choque l'indivisibilité de l'hypothèque. Le défunt en effet n'a jamais été débiteur du legs. — Cette dette ne naît qu'en la personne des héritiers, et par suite de l'adition d'hérédité: pour mieux dire, il naît à cette époque autant de dettes et d'hypothèques distinctes qu'il y a d'héritiers. Mais cette division de l'action hypothécaire n'a lieu que dans l'hypothèse où le partage n'a pas encore été effectué : lorsqu'il l'a été, chacun des héritiers doit pouvoir être poursuivi hypothécairement pour le tout.

FIN.

VERSAILLES. — IMPRIMERIE CERF, 59, RUE DU PLESSIS.

DROIT CIVIL FRANÇAIS

DU DROIT DE SUITE DES CRÉANCIERS HYPOTHÉCAIRES
Art. 2166 à 2178, C. N.

INTRODUCTION

1. — L'hypothèque, constituée et inscrite, confère au créancier deux droits précieux : le droit de préférence et le droit de suite; l'un essentiel au contrat d'hypothèque, l'autre auxiliaire indispensable du premier.

Par le droit de préférence, le créancier se fait colloquer sur le prix de l'immeuble à l'exclusion de tous autres. C'est le règlement des rapports des créanciers entre eux.

Par le droit de suite, l'hypothèque s'attache à l'immeuble, l'atteint en toutes les mains où il passe, et donne la faculté de réaliser le gage contre tout détenteur. Peu importe que le tiers acquéreur soit obligé ou non à la dette. Peu importe qu'il connaisse ou non les créanciers. Il possède le bien, il en doit compte à ces derniers. Le droit de suite a donc pour but de retenir l'immeuble dans des liens indissolubles; sans lui le gage s'évanouirait.

Pour qu'il naisse, il faut qu'il y ait eu publication de l'hypothèque au moyen de l'inscription. Les tiers sont ainsi avertis et contractent en connaissance de cause.

Il faut de plus qu'il y ait un déplacement de la propriété. Tant que l'immeuble reste entre les mains du débiteur, la garantie réelle et la garantie personnelle sont réunies sur la même tête; rien ne menace le gage du prêteur; le droit de suite sommeille.

Mais lorsque le débiteur aliène la chose affectée, la garantie réelle réside sur une autre tête. Le droit de suite s'éveille.

2. — Le droit de suite, lorsqu'il s'exerce, a des conséquences rigoureuses contre le tiers détenteur. Tout créancier hypothécaire peut en principe poursuivre la réalisation du gage dans les mains de l'acquéreur. La véritable conclusion de ce droit est l'expropriation à la suite de laquelle s'ouvrira l'ordre.

Cependant le crédit et la propriété demandaient qu'une règle si rigide fléchît dans certaines circonstances.

3. — Le législateur a créé divers tempéraments qui atténuent les rigueurs du droit de suite. Il a accordé au tiers détenteur le choix entre divers partis, qui sauvegardent tout à la fois les intérêts et les droits du tiers détenteur comme ceux des créanciers. Le droit de suite réglemente dans cette partie les

rapports des créanciers et de l'acquéreur, et envisage la position du débiteur, selon le parti qui est pris.

Le plus important de tous les tempéraments et le plus avantageux pour tous les intéressés est la purge. C'est le moyen d'affranchir l'immeuble de toutes charges par le paiement du prix. J'achète; je fais transcrire ; je découvre plusieurs inscriptions hypothécaires; je notifie aux créanciers mon contrat; je leur offre mon prix. S'ils l'acceptent, ma propriété est affranchie de la façon la plus complète. S'ils le refusent, ils sont obligés de porter l'immeuble au dixième du prix d'acquisition et de le remettre en vente. Ce droit pour les créanciers de refuser l'offre, est la conséquence logique du principe que la réalisation du gage est la véritable conclusion du droit de suite.

Le cadre restreint de ce travail ne comporte pas l'étude de cette importante matière.

Le tiers détenteur, comme je l'ai dit, n'a pas à subir fatalement l'expropriation. Il peut aussi ne pas user du bénéfice de la purge.

Dans ce cas, sommé de délaisser ou de payer, il a le droit d'abandonner la propriété et de s'affranchir ainsi des ennuis de la poursuite. Le délaissement est l'abandon de la possession plutôt que de la propriété, la remise du gage entre les mains des créanciers. Tant que l'immeuble n'est pas vendu aux enchères, le délaissant peut revenir sur son option, payer tous les créanciers et garder le bien.

Il est souvent plus rationnel en présence de la poursuite hypothécaire d'acquitter le montant de créances, surtout si elles sont inférieures au prix. Dans tous les cas, le prix fût-il inférieur aux hypothèques, le tiers détenteur peut payer jusqu'à concurrence; il prend la place de ceux qu'il désintéresse et se fait colloquer par préférence à ceux qui le poursuivent.

Toutefois le tiers détenteur peut, sans opter entre ces divers partis, arrêter toute poursuite au moins provisoirement. Les exceptions lui fournissent ce moyen.

La principale de ces exceptions est le bénéfice de discussion.

Par cette exception, l'acquéreur obtient un sursis aux poursuites, et oblige le créancier de réaliser d'abord certains immeubles affectés à la même dette, et restés en la possession des obligés personnels.

Ainsi, subir l'expropriation forcée, sauf la faculté soit de délaisser, soit de payer, soit d'opposer certaines exceptions, telle est la situation du tiers détenteur en présence du droit de suite.

Que le tiers détenteur soit exproprié, qu'il délaisse ou qu'il paie, il a toujours son recours contre le débiteur, auteur du dommage. C'est la garantie que tout vendeur doit à son acheteur; c'est aussi l'application de l'art. 1382, quiconque cause du dommage à autrui est obligé à le réparer.

Exposer les conditions de naissance du droit de suite, montrer ses conséquences, décrire successivement et en détail les tempéraments apportés à sa rigueur, envisager la situation du tiers détenteur sous ses divers aspects, expliquer selon le parti qu'il prend, ses droits et ses devoirs vis-à-vis des créanciers, et ses rapports avec le débiteur, tel sera l'objet de cette étude.

4. — Pour être complète, l'étude de l'organisation du droit de suite doit être envisagée au point de vue législatif.

On sait que l'hypothèque touche tout à la fois à l'industrie, au commerce et à l'agriculture; au capital comme aux biens fonds; à l'État comme aux particuliers.

On sait aussi que dans le système hypothécaire, il n'est pas de sujet aussi important que le droit de suite. Ce droit met en présence, en mouvement et en lutte les intérêts les plus divers et les plus contraires : le crédit et la propriété.

Ménager chacun des contractants dont les droits méritent une égale protection; ouvrir au prêteur une voie facile et prompte pour recouvrer ses avances; donner au tiers détenteur sécurité dans son acquisition, et lui fournir le moyen de payer en l'acquit du débiteur, avec célérité et économie, les créanciers auxquels il avait affecté l'immeuble pour gage; éviter au débiteur les frais et les complications, lui faciliter ainsi le désintéressement de ses créanciers et relever son crédit : tel est le devoir de tout législateur qui organise le droit de suite.

Le législateur de 1804 a-t-il su concilier les intérêts divers dont nous parlons?

5. — Tout en tenant compte des améliorations sérieuses apportées à l'ancien état de choses par les rédacteurs du Code, on a formulé, je crois avec raison, les

critiques suivantes contre l'organisation du droit de suite:

1° Le délaissement est une mesure frustratoire et inutile.

2° Le bénéfice de discussion est contraire aux principes de la matière.

3° La procédure d'expropriation demande à être *simplifiée*.

6. — I. *Critiques relatives au délaissement.*

En présence de la poursuite hypothécaire, le tiers détenteur peut s'affranchir des charges en abandonnant l'immeuble.

Le délaissement est sans doute une conséquence de la constitution hypothécaire, il est le corollaire naturel du principe que toute obligation *propter rem* se résout par l'abandon de la chose seule engagée, *res obligata*.

J'ajoute qu'au point de vue où nous allons nous placer en l'étudiant, le délaissement ne sera pas absolument comme on l'a dit le mépris et l'oubli des engagements.

Pour qu'il puisse s'effectuer, le délaissement devra être accepté par les créanciers. Ceux-ci pourront donc déclarer suffisant le prix d'achat, et par là même supprimer le délaissement. Si les créanciers n'acceptent pas le délaissement c'est qu'ils trouvent le prix de vente inférieur au prix réel ; ils veulent donc tenter une nouvelle épreuve d'adjudication, car ils savent que le tiers détenteur n'a point contracté en achetant avec eux l'obligation de les désintéresser.

Sous le bénéfice de ces observations, je m'associe

aux critiques adressées au délaissement; les unes relatives aux frais et aux lenteurs inutiles qu'entraîne cette faculté, les autres à la résolution d'un contrat synallagmatique par la volonté d'un seul.

Ces critiques se sont surtout produites dans les travaux des rapporteurs des différentes lois hypothécaires.

Le délaissement n'est autre chose, a-t-on dit, que la résolution d'un contrat par la seule volonté de la personne engagée.

Cette faculté, disait Bethmont dans son rapport, page 121, a produit de véritables abus. Outre les frais de procédure, résultant d'un pareil droit, il fallait encore redouter l'incertitude qu'il suspendait sur la propriété. Nous pensons donc qu'il est utile de le supprimer.

La commission législative approuvait la suppression. La conséquence du délaissement, disait son rapporteur, M. de Vatimesnil (p. 47 du rapport), est d'obliger les créanciers à faire nommer un curateur à l'immeuble délaissé (2174). Cette procédure entraîne des détails et des frais inutiles. Il est plus simple de suivre la saisie contre l'acquéreur, l'échangiste et le donataire. Il ne peut en résulter de préjudice pour lui, car l'adjudication sur saisie une fois faite, il se trouve dégagé de toute action de la part des créanciers, envers lesquels il n'était tenu qu'hypothécairement et comme détenteur; sa situation est donc la même que s'il avait délaissé.

On objecte que c'est pour lui une sorte d'inconvénient moral de voir figurer son nom dans une procédure de saisie ; mais la réponse à cet argument est qu'il s'y est exposé en acquérant un immeuble grevé d'inscriptions. Si donc il y a un inconvénient à supporter, on doit le mettre à la charge du détenteur et non du créancier. Ainsi il vaut mieux faire subir au premier le désagrément de figurer dans une procédure de saisie, qui après tout ne lèse pas ses intérêts pécuniaires, que de soumettre les créanciers à des longueurs et à des frais sur lesquels ils n'ont pas dû compter.

Il résulte de ces différentes critiques, que lors de la réforme hypothécaire en 1851, les projets présentés, soit par la commission du gouvernement, soit par les commissions du Conseil d'Etat et de l'assemblée législative, étaient unanimes pour modifier en ce point les dispositions du Code Napoléon par la suppression du délaissement. Ils ne différaient entre eux que sur l'étendue de l'obligation du tiers détenteur relativement à la faculté de payer, celui du gouvernement maintenant l'obligation indéfinie consacrée par le Code ; celui du Conseil d'Etat limitant cette obligation à l'exécution par le tiers détenteur de son contrat ; et celui de l'assemblée législative astreignant personnellement le tiers détenteur à payer la différence entre le prix de son acquisition et le prix soit d'une revente volontaire, soit de la vente qui aurait lieu par suite de la saisie immobilière pratiquée sur lui.

En résumé, le délaissement est une mesure contraire aux intérêts des créanciers et du vendeur : il entraîne des longueurs et des frais C'est aussi un

moyen, sans doute atténué, mais assez puissant, de
se soustraire à l'accomplissement d'une convention.
Abolir le délaissement, serait-ce léser les intérêts de
l'aquéreur? En aucune façon. Qu'importe que l'on
saisisse et que l'on vende sur lui ou sur un curateur?
Du reste, il y a un moyen de tout concilier : il savait
en achetant que les hypothèques existaient, qu'il était
exposé aux poursuites hypothécaires. Achetant en
connaissance de cause, il a accepté l'état de choses,
et promis d'y porter le remède qu'il convient. Pourquoi n'offre-t-il pas son prix aux créanciers et n'af-
franchit-il pas ainsi sa propriété des charges qui la
grèvent? Pour arriver à ce résultat, il n'aura qu'à
payer son prix : qu'il le paie au créancier ou au vendeur, qu'importe?

II. — *Critiques relatives au bénéfice de discussion.*

Sans prendre un parti et pour échapper aux poursuites, le tiers détenteur a le droit de faire vendre
préalablement les autres immeubles hypothéqués à
la même dette restés en la possession du principal
ou des principaux obligés, sauf à ce créancier, s'il
n'est pas complétement rempli sur le prix de ces
autres immeubles, à revenir contre lui, tiers détenteur (2170, 2171, C. N.).

Pour expliquer ce bénéfice, certains auteurs décla-
rent que l'hypothèque n'est autre chose qu'un cautionnement réel, et que l'immeuble grevé remplit à
l'égard du débiteur le même rôle qu'un fidéjusseur :
le législateur, assimilant les deux cas, a accordé au

fidéjusseur réel ce qu'il a accordé au fidéjusseur personnel.

Mais l'analogie est loin d'être complète. Lorsque la caution s'engage, il est tacitement ou expressément convenu qu'elle ne paiera que faute de non paiement de la part du débiteur. Lorsqu'un débiteur donne une hypothèque, il est entendu que l'immeuble répondra directement, toujours et partout du montant de la créance. C'est le bien qui est obligé. Que nous importe celui qui le possède? Écoutons à ce sujet les rapporteurs du projet de loi de 1851 :

« Pourquoi, disait M. Vatimesnil, forcer le créan
» cier de discuter le débiteur principal?—Si le créan
» cier ne vient pas en ordre utile sur les autres im
» meubles restés en la possession du débiteur, on
» l'aura forcé à faire des poursuites frustratoires et
» des frais qui, en définitive, retomberont à la charge
» de la masse. Le Code civil, ajoutait-il en propo
» sant de revenir au principe de la loi de brumaire,
» assimile le tiers détenteur à la caution ; mais l'as
» similation est inexacte. Le créancier, en contrac
» tant avec la caution, sait qu'il n'aura contre elle
» qu'une action subsidiaire, et qu'elle pourra opposer
» le bénéfice de discussion. S'il ne veut pas être ex
» posé à cette exception de la loi, à lui d'exiger que
» la caution renonce au bénéfice de discussion ou
» s'engage solidairement.

» Le créancier hypothécaire, au contraire, ne con
» tracte nullement avec le tiers détenteur. — L'alié
» nation ne doit pas rendre la situation de ce créan
» cier plus mauvaise, en le soumettant à une épreuve

» à laquelle il ne serait pas astreint, si cette aliéna-
» tion n'avait pas eu lieu. »

Pour moi, le bénéfice de discussion n'est ni équitable, ni conforme à la rigueur des principes. Sans
doute la position du tiers détenteur, qui achète et qui
se voit exposé peut-être à être évincé de sa propriété,
est quelquefois pénible. Mais s'il a acquis, c'est en
connaissance de cause ; s'il connaissait l'état de
choses, c'est qu'il l'acceptait avec toutes ses conséquences, et que du reste, je le répète, la loi lui offrait, grâce à la purge, le moyen de ménager ses
intérêts en donnant satisfaction aux droits des créanciers. S'il a accepté l'état hypothécaire et ses conséquences, il a dû par là même se soumettre aux poursuites. Or le créancier, qui a plusieurs gages, n'a
nullement à consulter le débiteur pour savoir sur lequel il agira de préférence ; c'est à lui seul qu'appartient l'option, en vertu de l'indivisibilité du droit
hypothécaire.

Aussi, verrons-nous en étudiant cette exception,
qu'elle a eu de la difficulté à prendre droit de bour-
geoisie dans la législation.

Dans l'ancien droit romain, elle n'existait pas ; le
créancier, après avoir mis le débiteur en demeure,
pouvait agir à son gré contre lui ou contre les cautions ou sur les hypothèques.

Dans l'ancienne jurisprudence, les coutumes
étaient divisées : les unes l'avaient adoptée, les
autres l'avaient rejetée. La loi de brumaire, an VII,
l'a abolie. Le Code Napoléon l'a rétablie, mais il est
à souhaiter que dans la révision du régime hypo-

thécaire on fasse disparaître le bénéfice de discussion.

C'est ce qu'a compris le législateur Belge, en 1851,
lors de la révision de la matière dont nous parlons.
Il a aboli cette exception.

C'est ce qu'a compris également le Code bavarois :
Le tiers détenteur ne peut, dit l'art. 57, demander
au créancier investi de l'action réelle de discuter
d'abord le débiteur dans ses autres biens (2170, C. N.
Diff.), excepté dans le cas où l'hypothèque aurait
été donnée pour fournir un cautionnement, si toutefois
la loi ne considère pas le débiteur principal et la
caution comme co-débiteurs.

C'est ce que l'on comprenait aussi, lors de la ten-
tative de réforme de notre droit hypothécaire, en
1851.

En demandant la suppression du bénéfice de discussion, portons-nous atteinte au crédit ou à la propriété? Non. Pour la propriété, sa valeur ne diminue
ni n'augmente, grâce au bénéfice de discussion,
Lorsque l'acheteur traite, il ne se demande pas s'il
jouira de ce bénéfice. Il ne considère que deux choses. La propriété lui agrée, il la prend; elle lui agrée
malgré les hypothèques qui la grèvent : il accepte
par cela même toutes les conséquences de cette situation; et, si c'est un acheteur sérieux, il achète avec
l'intention d'affranchir la propriété.

Quant au crédit, il gagnerait à la suppression de
cette exception. A quoi doit en effet tendre une bonne
législation hypothécaire? A simplifier autant que
possible la réalisation du gage, à rendre facile la

mise en mouvement du droit de suite. Ne désarmez complétement ni le débiteur ni le tiers détenteur : tous les intérêts sont sacrés; mais n'entravez pas la poursuite hypothécaire. Si le créancier, qui connaît déjà toutes les difficultés de la réalisation, est exposé à se heurter contre des exceptions de ce genre, il ne prêtera pas ou ne prêtera qu'à des conditions onéreuses. L'exception est donc indifférente à la valeur de la propriété et diminue le crédit.

Ne devons-nous pas remonter plus haut, comme font certains jurisconsultes, et demander la suppression de la cause du bénéfice de discussion. Qu'on abolisse les hypothèques générales. Ne sont-elles pas contraires aux principes nouveaux, contraires à l'intérêt du crédit et de la propriété? Plus d'hypothèques générales, plus en conséquence de bénéfice de discussion.

III. — *Critiques relatives à l'expropriation forcée.*

Il a été reconnu dans la pratique et la théorie que les formalités sont fort chères et fort compliquées et que l'épreuve d'une nouvelle adjudication aux criées n'est pas toujours favorable. Il faut donc tendre à éviter l'expropriation. Il est bien des cas où, quoique partisan zélé du droit pour tous les créanciers hypothécaires de procéder à la poursuite sans entrave, je ne puis comprendre l'utilité de la poursuite.

Le créancier n'a-t-il pas intérêt à poursuivre, n'a-t-il pas, en un mot, espoir sérieux de se faire payer? Qu'on lui refuse la poursuite, s'il n'aime mieux fournir caution de garantir le paiement des frais frustratoires qu'il va faire.

Le tiers détenteur est-il lui-même premier créancier en rang, et y a-t-il vraisemblance que l'immeuble possédé n'est que l'équivalent de la créance de l'acquéreur? Dans l'espèce, j'arrêterai les poursuites.

Un créancier, premier en hypothèque, absorbet-il, et au delà, la valeur de l'immeuble? Qu'on le lui attribue à dire d'experts, sans tenter d'adjudication; ou que, si les créanciers lui refusent cette faveur, ils s'engagent à faire monter l'immeuble à plus haut prix, et fournir à cet effet bonne et valable caution. Les trois cas, je les examine plus loin et d'une façon différente; mais c'est au point de vue juridique : l'état actuel de notre législation ne permet pas de donner les solutions que nous souhaitons, tant qu'une révision du système ne l'aura pas décidé expressément.

Il ne suffit pas de réduire les cas dans lesquels l'expropriation aura lieu, il faut réduire les formalités de l'expropriation elles-mêmes.

Quoique l'expropriation ne se rattache qu'accessoirement à notre sujet, nous avons cru utile de l'examiner au point de vue du projet de loi nouveau. L'actualité justifiera cet examen.

« Quelques-unes des formalités, dit le rapporteur » au Conseil d'État du nouveau projet de loi, con» cernant les ventes judiciaires, les partages et la » purge, sont de plus en plus en désaccord avec les

» progrès toujours croissants du morcellement des
» biens. En désaccord avec le besoin toujours plus
» marqué d'éviter en toute chose la perte du temps,
» de redresser le cours des affaires comme celui des
» rivières et des routes, d'abréger l'incertitude des
» intérêts et l'oscillation des droits. En désaccord
» avec la tendance à diminuer le prix de revient des
» choses nécessaires, à diriger vers les dépenses
» productives les ressources qui s'égarent au milieu
» d'inutiles sinuosités. »

Le rapporteur ajoute que le Code de procédure
était vieux en naissant. — Il semble lui adresser une
critique générale.

Je ne partage pas complétement son opinion. —
Tout n'est pas à remanier dans ce Code. Je ne pré-
tends pas non plus, comme on a voulu le dire, que le
salaire des avoués est en désaccord avec le travail
qu'ils fournissent : En principe le tarif ne les rému-
nère pas proportionnellement à l'importance de l'affaire. Le tarif uniforme ne donne satisfaction ni aux
plaideurs ni aux avoués, puisque les petites affaires
comme les grandes subissent la même loi, et que l'on
ne fait aucune différence dans les soins divers qu'en-
traînent les diverses causes.

Néanmoins on a signalé avec raison dans les ventes
un état de choses qui blesse particulièrement les intérêts des vendeurs, atteint la propriété, et par là
même, la prospérité publique.

Il a été reconnu que les frais de vente sont trop
considérables lorsqu'il s'agit de la petite propriété,
que les formalités sont trop compliquées et trop rui-

neuses; que l'État est trop exigeant, qu'il frappe le bien de droits d'enregistrement, de mutation et de timbre qui absorbent la valeur vénale de l'objet mis en vente.

Le tableau suivant donnera une idée de ce que nous avançons.

(1864). Frais de vente comparés à la valeur des biens.

Biens de moins de	Nombre des biens vendus	Prix	Frais
500	1006	273,000	332,000
500 à 1,000 fr.	1273	963,000	432,000
1,000 à 2,000 fr.	2362	3,534,000	867,000
2,000 à 5,000 fr.	4574	15,000,000	1,927,000

On ne compte là que les frais antérieurs à l'adjudication, sans la remise proportionnelle, frais de signification, de transcription, etc.

Le projet de loi a-t-il porté remède à cet état de choses ? Voici les principales réformes qu'il propose.

Le commandement ne sera précédé d'aucune copie de pièces; il énoncera les titres en vertu desquels on agit. En tête du procès-verbal de saisie qui est maintenu, il n'y aura plus la copie du pouvoir. Le cahier des charges au lieu d'être grossoyé sera déposé en minute. Le visa du maire n'est plus exigé pour le commandement et la saisie.

Le tribunal décide si la vente sera renvoyée devant notaire ou maintenue à l'audience des criées. Les affiches légales pourront être manuscrites.

Nous avons entendu dire dans la pratique, par des gens compétents, que ces améliorations mécon-

tentaient les officiers ministériels et ne satisfaisaient
point les justiciables.

On répète que le rouage est encore trop compliqué,
et les exigences du fisc trop grandes. Pourquoi par
exemple un procès-verbal de saisie? Le commandement
ne suffit-il pas? pourvu qu'il soit rédigé selon la loi
de brumaire ? La loi Belge, le code Sarde et le dé-
cret-loi du Crédit foncier de France l'ont aboli. L'article 33 du 28 février 1852 relatif au Crédit foncier,
consacre une procédure plus rapide et moins oné-
reuse que celle du projet, surtout si l'on songe que
le Crédit foncier n'a d'hypothèque que sur des biens
d'une certaine valeur.

Je suis aussi de l'avis de ceux qui pensent que les
immeubles au-dessous de 300 francs ne devraient pas
être sujets à saisie immobilière, que tout au moins,
on devrait se borner pour la vente de ces biens à un
commandement, servant à la fois de procès-verbal et
de cahier des charges. Une annonce à son de trompe
de la vente devrait suffire.

CONCLUSION.

De ces diverses critiques, il résulte que le droit de
suite en particulier demande des réformes, une simplification de rouage, et une diminution de frais. Napoléon disait au Conseil d'État, lors de la discussion
du titre des hypothèques : « Depuis que j'entends dis-
» cuter le Code civil je me suis souvent aperçu que
» la trop grande simplicité dans la législation est
» l'ennemie de la propriété. On ne peut rendre les

» lois entièrement simples sans couper le nœud gor-
» dien, plutôt que de le délier et sans livrer beau-
» coup de choses à l'incertitude de l'arbitraire. »

Sans doute il ne faut pas trop simplifier; il faut savoir dans un sujet aussi grave rassurer le prê-teur, protéger l'emprunteur, et mettre la propriété à l'abri des attaques imprévues et ruineuses. Mais dans la matière qui nous occupe, la sécurité de l'un et le crédit de l'autre n'auraient qu'à gagner à une simplification. On l'a dit et nous le répétons, que le délaissement entrave inutilement la poursuite hypo-thécaire; et que le bénéfice de discussion est un obs-tacle injuste à la réalisation du gage. En les faisant disparaître, ne rendra-t-on pas service au crédit? Le crédit n'aura-t-il pas ainsi plus de facilités pour se faire rembourser, et la propriété ne sera-t-elle pas grevée de moins de frais et d'obstacles?

Ne serait-il pas opportun aussi de supprimer dans la procédure d'expropriation les formalités inutiles et frustratoires? N'y aurait-il pas lieu à empêcher la vente d'immeubles d'une valeur dérisoire, à alléger surtout les adjudications des droits fiscaux qui rui-nent la propriété? On aurait ainsi simplifié la loi, et su concilier le crédit le plus étendu avec la plus grande sûreté. N'est-ce pas le vœu de tout bon légis-lateur?

DROIT DE SUITE

DES

CRÉANCIERS HYPOTHÉCAIRES (1).

Art. 2166 à 2178 C. N.

———

10. — Nous diviserons notre étude sur le droit de suite en quatre chapitres.

1° Conditions auxquelles naît le droit de suite.

2° Exercice du droit de suite; divers partis que peut prendre le tiers détenteur.

3° Règles communes à ces divers partis.

4° Exceptions.

(1) Traiter du droit de suite des créanciers hypothécaires, c'est traiter en même temps du droit de suite des créanciers privilégiés. Les règles sont les mêmes.

CHAPITRE I.

CONDITIONS AUXQUELLES NAIT LE DROIT DE SUITE.

11. — Deux conditions sont nécessaires pour que le droit de suite naisse et puisse s'exercer. Il faut d'une part que l'immeuble affecté sorte des mains du débiteur; d'autre part, que la charge dont est grevé le bien soit révélée aux tiers acquéreurs.

SECTION 1re.

Nécessité de l'inscription.

Le droit de suite doit tout d'abord puiser la vie dans la formalité essentielle de l'inscription. Il ne peut entrer en lutte comme un droit hypocrite qui vient surprendre ceux qu'il attaque.

12. — Pour être opposable aux tiers, l'inscription doit se produire à une époque déterminée. Cette époque a varié avec les législations.

Le droit de suite appartenait aux créanciers hypo-thécaires :

A Rome et dans l'ancienne France indépendam-ment de toute inscription ;

En France et sous la loi du 11 brumaire an vii, pourvu qu'ils fussent inscrits avant la transcription de l'aliénation ; — sous le Code Napoléon, avant l'alié-

nation ;—sous le Code de procédure civile, avant l'expiration desquinze jours qui suivent la transcription ;
— sous la loi de 1855, il appartient aux créanciers
inscrits avant la transcription de l'aliénation, comme
autrefois sous la loi de brumaire an VII, sauf les exceptions admises d'une part au profit du vendeur et
du co-partageant, et d'autre part, en faveur des femmes mariées, des mineurs et des interdits.

12 *bis*. — Examinons ces exceptions.

Privilége du vendeur (art. 6 de la loi de 1855).

Le vendeur peut utilement inscrire les priviléges à
lui conférés par les articles 2108 et 2109 du C. N.
dans les quarante-cinq jours de l'acte de vente, nonobstant toute transcription d'actes faits dans ce délai.

Faute d'avoir fait transcrire dans les quarante-
cinq jours, le droit du vendeur est rendu complètement nul tant au point de vue du droit de préférence
qu'au point de vue du droit de suite. L'extinction de
son privilége entraîne en outre la perte de son droit
de résolution (art. 7 de la loi de 1855).

Cependant si, sans prendre inscription, le vendeur
a fait transcrire, que le second vendeur ait fait transcrire et inscrire, le privilége du premier est-il perdu?
Non, le défaut d'inscription n'a d'autre effet que
d'engager la responsabilité du conservateur envers
les tiers. De quoi peuvent-ils se plaindre au surplus?
L'inscription est destinée à révéler dans la propriété un état de choses anormal. Eh bien, la transcription suffira pour les instruire. — Ils sauront que
le vendeur a cessé d'être propriétaire; ils savent par

là même qu'un privilége a été par lui retenu pour la garantie de sa créance. Il conserve donc dans l'espèce, et le droit de préférence, et le droit de suite.

Privilége des co-partageants. — L'immeuble est entre les mains du co-partageant débiteur. Tant qu'il y reste le co-partageant a le droit de s'inscrire. L'inscription sera privilégiée, si elle a eu lieu dans les soixante jours du partage ; passé ce délai, elle sera hypothécaire.

L'immeuble a-t-il été vendu ou licité, le co-partageant n'a que quarante-cinq jours pour faire inscrire, à partir de la transcription : passé ce délai, il n'a ni privilége ni hypothèque.

Privilége des ouvriers. — Ils doivent avant tout dresser un procès-verbal de l'état des lieux, et un procès-verbal de la réception des travaux (art. 2110). Pour conserver leur privilége, droit de suite et droit de préférence, ils doivent faire inscrire ces deux procès-verbaux avant la transcription : cette décision est rigoureuse; mais conforme à la loi.

De la séparation des patrimoines. — Les uns la regardent comme un privilége, d'autres ne lui donnent pas ce caractère. Dans le deuxième cas, la loi de 1855 ne modifierait pas les décisions du code de 1804; on s'en référerait à l'art. 877.

Dans le premier cas, au contraire, il y aurait déchéance du privilége, dès la transcription de la vente de l'immeuble, qui pourrait intervenir, à l'insu du créancier, quelque temps après le décès.

Quant aux hypothèques légales elles sont soumises, au point de vue du droit de suite, à la formalité de l'inscription ; le moment seul où cette formalité doit être accomplie diffère : ainsi d'après les art. 2194 et 2195 le tiers acquéreur, qui veut affranchir son immeuble des hypothèques légales, notifie un acte de dépôt du contrat aux incapables, qui ont deux mois, à partir de cette notification, pour prendre une inscription et partant exercer leur droit de suite. Il n'y a pas en effet une seule hypothèque ou un seul privilége, quelque favorisé qu'il soit, qui puisse s'exercer à l'encontre des tiers sans cette formalité qui le révèle. Cela se comprend ; le droit de suite n'est en quelque sorte qu'un auxiliaire du droit de préférence, qui seul est le droit essentiel à l'hypothèque. A bien regarder les choses, cette affectation d'un immeuble au profit de quelques-uns et au détriment des autres n'a qu'un but : le paiement du prix entre leurs mains à l'encontre des autres ; c'est là, la collocation par préférence. Mais ce droit du créancier hypothécaire, de poursuivre sa créance contre le détenteur de l'immeuble, considéré ainsi comme le seul débiteur, n'est pas normal ; il est extraordinaire ; il met en présence des intérêts contraires et aussi respectables les uns que les autres. Aussi exige-t-on la protection efficace des uns et des autres, et partant la révélation aux tiers détenteurs de ce droit redoutable dont peuvent être armés les ayants droit de leur vendeur, et à l'aide duquel une acquisition qu'ils croyaient ferme et définitive, peut n'être que provisoire et incertaine.

Quant aux hypothèques de l'Etat, des communes, des établissements publics, sur les biens des administrateurs comptables, du légataire sur les biens de la succession (art. 1017), et aux hypothèques qui font l'objet de l'article 2113, elles sont soumises à la formalité de l'inscription, et ce, avant la transcription, d'après l'article 6 de la loi de 1855. Ainsi depuis le Code civil, les hypothèques, pour produire droit de suite, doivent être inscrites à la différence du droit de préférence qui, tenant par essence à l'hypothèque, peut s'exercer quelquefois sans inscription. Constatons par-là que s'il y a une parenté intime entre les droits de préférence et de suite, il faut néanmoins les distinguer l'un de l'autre sous le rapport de la publicité.

SECTION DEUXIÈME.

Nécessité d'une aliénation totale ou partielle.

13. — Tant que l'hypothèque est entre les mains du débiteur, les droits du créancier hypothécaire sont sauvegardés; le droit de suite sommeille; le créancier hypothécaire n'a ni intérêt, ni motif pour le mettre en mouvement.

Pour que le droit de suite s'exerce, il faut en principe un déplacement de la propriété grevée. Mais l'aliénation peut être le résultat : 1° d'un acte volontaire du propriétaire de l'immeuble hypothéqué; 2° d'une saisie; 3° d'une expropriation pour cause d'utilité publique.

Ces deux derniers modes d'aliénation ne donnent pas lieu au droit de suite. Ils purgent par eux-mêmes l'immeuble des hypothèques qui le grèvent. Le prix est définitivement fixé; le droit de suite n'a plus d'objet.

Pourqnoi cet effet ?

Quant à l'expropriation pour cause d'utilité publique, il est facile de comprendre que la sentence du jury doit être souveraine ; ce sont, en quelque sorte, des experts qui fixent le prix ; et du reste, on ne pourrait procéder aux opérations d'expropriation, si le droit de suite pouvait s'exercer après la fixation d'un prix. (Art. 17 de la loi du 3 mai 1841.)

Quant à l'adjudication sur saisie, les formalités dont elle est entourée sont une garantie que l'immeuble a atteint sa véritable valeur.

« En effet, dit M. Mourlon, t. III, *rép. lit.*, 18, les créanciers, inscrits sur les immeubles saisis, sont, peu après la saisie, interpellés et mis en demeure d'y intervenir pour la sauvegarde de leurs droits. Le saisissant commet-il quelque erreur, ils la relèvent ; entrave-t-il par sa négligence la marche de la saisie, ils le remplacent ; l'annonce de la mise en vente est-elle défectueuse ou insuffisante, ils y remédient par des annonces supplémentaires ; craignent-ils que leur gage ne soit point porté à sa véritable valeur, ils cherchent et appellent des enchérisseurs, au besoin ils enchérissent eux-mêmes.

» Dès lors, quoi de plus juste qu'une aliénation préparée par leurs soins et consommée sous leurs yeux, soit stable et définitive, même à leur égard ? Aussi, a-t-on toujours admis qu'en ce qui touche les créanciers inscrits, l'adjudication opérait par elle-même et de plein droit la purge des hypothèques. »

La loi du 21 mai 1858 a, par une disposition formelle, consacré cette jurisprudence. (Art. 692 et

717, C. pr. civ.) Ces deux articles sont la consécration de la maxime : *Décret forcé nettoie toutes les hypothèques.*

Pour les adjudications sur saisie convertie en aliénation volontaire, il y a à distinguer.

La conversion s'est-elle opérée *avant* les sommations prescrites par l'art. 692 et l'avertissement spécial de l'art. 696, C. pr. civ., dans ce cas, la vente est considérée comme volontaire. La conversion est-elle intervenue *après*, l'adjudication aura les effets de l'expropriation forcée, parce que les créanciers ont été liés à la procédure et que le prix est fixé définitivement.

Nous assimilons à l'adjudication sur saisie ordinaire, l'adjudication sur délaissement.

14. — Parmi les aliénations volontaires, nous rangeons les donations, les échanges, les *datio in solutum*, les ventes ordinaires et même les ventes sur surenchère du dixième, dans le cas où la surenchère est intervenue sur une vente amiable, après notification aux créanciers inscrits, sans liaison à la procédure des créanciers hypothécaires légaux. Ceux-ci ont le droit de poursuivre de nouveau la vente.

Peu importe la nature du titre d'aliénation. Que l'aliénation soit une vente ou une donation, le droit de suite s'exerce.

Peu importe que l'aliénation soit totale ou partielle; quelque modique que soit l'aliénation, le créancier hypothécaire a le droit de poursuivre le remboursement total de sa créance. Le tiers détenteur sera tenu de délaisser ou de payer; car l'un des caractères de l'hypothèque c'est d'être *tota in toto, et tota in qualibet parte*.

15. — A ce sujet, précisons quelques points.

L'aliénation porte sur des portions du Domaine qui, détachées de lui, retombent dans la classe des meubles, tels que les immeubles par destination (art. 524). L'hypothèque frappait ces portions tant qu'elles adhéraient au fonds. Dès qu'elles sont démembrées, elles recouvrent leur nature primitive, et il est de règle, dans notre droit, que la poursuite hypothécaire ne peut atteindre les meubles. Nous traitons du reste la question plus loin.

L'aliénation porte sur les fruits de l'immeuble grevé.

L'hypothèque n'enlève pas au propriétaire le droit de disposition. Il peut aliéner les fruits, en jouir et en user. Aussi ne frapperons-nous ni de nullité ni de droit de suite une disposition de fruits, même par anticipation.

Néanmoins il faut observer ici la loi du 23 mars 1855, art. 2. 5° « Tout acte ou jugement constatant même pour bail de moindre durée (moins de 18 ans), quittance ou cession d'une somme équivalente à trois annés de loyers ou fermages non échus, doit être transcrit pour être opposé aux tiers. »

Ainsi une cession anticipée de fruits pourra être faite sans publicité pour un espace de trois années; au delà de ce temps, la cession ne pourra être opposée aux créanciers hypothécaires que si elle a été transcrite avant leur inscription.

Observons cependant que l'aliénation anticipée ne

sera valable dans aucun cas, lorsqu'elle a pour objet ce genre de produits qui constituent une partie du fonds, comme les futaies non aménagées en coupes réglées; ou lorsque l'aliénation, quelque modeste qu'elle soit, est intervenue après la saisie; les fruits sont alors immobilisés, et le saisi en est en quelque sorte dépossédé. (Art. 682.)

Que dira-t-on des cessions de fruits faites par antichrèse? L'antichrésiste n'a aucun droit sur la chose elle-même, il n'a de droit que sur les fruits. Ces fruits eux-mêmes pourront-ils être saisis comme le fonds par les créanciers du débiteur? On décidait avant la loi de 1855 que tous les fruits échus avant la dénonciation de la saisie appartenaient à l'antichrésiste; qu'à partir de cette époque l'immeuble lui échappant, son droit d'antichrèse s'évanouissait ainsi que son droit sur les fruits.

Je crois que les choses ont changé. Le droit d'antichrèse, pour être opposé aux tiers, doit être transcrit. Tant qu'il n'est pas transcrit, il n'a aucune valeur vis-à-vis d'eux. Est-il transcrit, quel est son effet? C'est d'investir les créanciers vis-à-vis des tiers, des fruits qui lui ont été donnés en gage.

L'aliénation porte sur des démembrements de la propriété.

Si l'usufruitier, qui a hypothéqué seulement son droit d'usufruit vient à le vendre, le créancier le suivra entre les mains de l'acquéreur. Si le plein propriétaire aliène l'usufruit, le créancier pourra suivre ce droit entre les mains de l'acheteur, car l'usufruit est un démembrement de la propriété susceptible d'hypothèque par lui-même ; le détacher du tout, c'est m'enlever une portion de mon gage. J'en dirai autant de l'aliénation qui serait faite d'un droit de superficie sur la chose hypothéquée.

Donnerons-nous la même solution, lorsque le débiteur constitue sur l'immeuble, grevé de privilége ou d'hypothèque, un droit d'usage, d'habitation ou de servitude ? Ces droits échappent au droit de suite. En effet la véritable conclusion de ce droit, c'est la réalisation du gage ; or les droits dont nous parlons ne sont pas susceptibles d'expropriation. On ne peut donc les purger.

Les créanciers auxquels on notifie l'offre de payer un prix vil et insignifiant ne pourront surenchérir.

Néanmoins, nous reportant soit à l'art. 1188, soit à l'art. 2131, nous dirons que le créancier ne peut souffrir du fait du débiteur ; celui-ci ne peut à son gré amoindrir le gage ; s'il le fait, la créance devient exigible ; un supplément d'hypothèque peut être demandé, ou le recouvrement de la créance poursuivi, sans tenir compte des droits constitués.

Le débiteur donne à loyer ou à bail le gage hypothécaire des créanciers.

En principe le fermier ou le locataire ne sera pas atteint ; son droit n'est ni immobilier, ni réel ; il échappe au droit de suite.

Cependant d'une part nous tiendrons compte 1° de l'époque à laquelle le bail doit être considéré comme ayant date certaine ; 2° de la durée qu'il peut avoir pour être opposé aux tiers sans formalités particulières.

7

Si le bail n'a pas date certaine avant le commandement tendant à saisie, le bail doit être annulé (art. 691, C. pr. civ.) — S'il a date certaine avant cette époque, les créanciers doivent l'entretenir et le respecter. — Mais, quand même il aurait date certaine, le bail dont la durée serait excessive, soit de plus de 18 ans, et qui de cette façon ressemblerait à un démembrement de la propriété, ne peut être opposé aux tiers que s'il a été transcrit. Aussi tous baux au-dessous de 18 ans, ayant date certaine avant le commandement doivent être entretenus par les créanciers ou acquéreurs. Tous baux, même ayant date certaine, ne peuvent être, à moins de transcription, opposés aux tiers pour les années qui dépassent 18 ans.

J'ajoute qu'il ne peut y avoir doute sur le point de savoir ce qu'il arriverait si des paiements de loyers avaient été faits par anticipation par le premier débiteur. Cette question, qui divisait autrefois les auteurs, a été tranchée par la loi du 23 mars 1855. L'art. 2, 5° soumet en effet à la transcription tout acte ou jugement constatant, même pour bail de moins de 18 ans, quittance ou cession d'une somme équivalente à trois années de loyers ou fermages non échus.

CHAPITRE II.

EXERCICE DU DROIT DE SUITE : PARTIS DIVERS QUE PEUT PRENDRE LE TIERS DÉTENTEUR.

16. — Le droit de suite est né et publié; il est con-

stitué dans les conditions essentielles de vitalité :
comment va-t-il agir? quel est en un mot son but et
ses conséquences?

Il a été souvent dit dans la doctrine et la jurisprudence, que la poursuite hypothécaire devait tendre
dans sa conclusion au paiement du prix, ce qui sem-
blerait signifier que le tiers détenteur est obligé personnellement. Cette erreur grave, le Code lui-même
l'a partagée. Il nous dit, dans l'art. 2167 : « si le tiers
» détenteur ne remplit pas les formalités pour pur-
» ger sa propriété, il demeure, par l'effet seul des
» inscriptions, obligé comme détenteur à toutes les
» dettes hypothécaires. »

Sans doute, au fond, le créancier n'a qu'un but,
recouvrer sa créance ; mais si l'on considère ses
droits et ses devoirs et non son désir, on comprend
aisément que le tiers détenteur ne peut être soumis
au paiement d'une obligation qu'il n'a pas contractée. Si le tiers détenteur a quelques liens qui l'engagent vis-à-vis du créancier, c'est qu'il tient entre
ses mains le véritable débiteur, la chose. Du moment
qu'il l'abandonne, il s'affranchit de toute charge.

Remarquons que le paiement et le délaissement
sont *in facultate solutionis*.

La véritable conclusion hypothécaire, c'est que le
tiers détenteur doit subir l'expropriation forcée :
cette solution résulte clairement des principes, de
l'esprit de la loi et même de son texte formel : « Les
» créanciers hypothécaires suivent en quelques
» mains qu'ils passent les immeubles, pour être collo-
» qués et payés suivant l'ordre de leurs créances ou

» inscriptions. » C'est nous montrer que le droit de suite tend à la réalisation du gage par l'expropriation, à la suite de laquelle s'ouvrira l'ordre où les créanciers inscrits se feront colloquer.

A cette rigueur du droit de suite, le législateur, comme nous l'avons dit, a apporté divers tempéraments. Nous allons envisager le tiers détenteur dans les situations diverses où le droit de suite peut le placer.

PREMIER PARTI.

I.

EXPROPRIATION FORCÉE.

17. — Pourvu que la dette soit exigible, tout créancier hypothécaire peut poursuivre l'expropriation. Si la dette n'est pas exigible, le tiers détenteur n'est pas tenu de payer, pas plus que ne le serait son auteur (art. 2167).

Le changement de propriétaire ne peut en effet modifier la nature et le caractère de la créance et de la dette, ni les conditions dans lesquelles elles ont été contractées. Que si le débiteur tombe en faillite ou en déconfiture, il perd le bénéfice du terme et le tiers détenteur subit cette déchéance.

Que si, au contraire, c'est le tiers détenteur qui tombe en faillite ou en déconfiture, le débiteur n'encourt aucune déchéance personnelle ; en conséquence, le tiers détenteur continue à jouir du terme accordé à son auteur. C'est que le véritable débiteur, celui qui a contracté, est dans l'espèce en parfait état de solvabilité. En un mot, pour savoir si le tiers détenteur subit ou non les déchéances du terme, l'on ne considère que la personne du débiteur et les vicissitudes qu'elle peut subir ; car le débiteur seul est obligé, c'est ce que nous dit l'art. 2167, « le tiers » détenteur jouit des termes et délais accordés au » débiteur originaire. »

Donner à tout créancier, sans distinction de rang, le droit d'exercer la poursuite hypothécaire, c'est rompre avec la tradition romaine. A Rome, le premier créancier en rang pouvait seul poursuivre. Les créanciers ultérieurs devaient, pour avoir ce droit, offrir à ce privilégié du premier rang de le désintéresser intégralement : C'était le *jus offerendi*.

Il me semble que la décision de notre droit est plus conforme aux principes : Une hypothèque n'empêche pas l'autre. Pourquoi constituer le premier en rang maître de la poursuite hypothécaire? Ce droit n'est pas de l'essence, ni même de la nature du droit hypothécaire. Le premier créancier en rang peut tenir méchamment en échec le droit des créanciers qui viennent après lui. Il peut même de la sorte faire perdre l'occasion favorable de réaliser le gage au mieux des intérêts de la masse.

18. — Cette idée, que le créancier hypothécaire quel qu'il soit, peut engager les hostilités contre le tiers détenteur, est pour moi si absolue que, bien qu'il n'ait pas un intérêt apparent à le faire, je lui maintiendrai ce droit. Le créancier peut user de ce droit même sans donner caution. Admettre une autre opinion serait contraire au texte formel de la loi;

l'art. 2169, nous dit en effet *chaque créancier* a le droit de faire vendre, etc. Ce serait contraire également à son esprit ; la loi ici n'a qu'un but, faciliter la réalisation du gage et n'établir pour cela entre les divers créanciers hypothécaires, d'autre préférence que le droit d'être colloqués sur le prix à l'exclusion les uns des autres suivant leur rang.

Par les mêmes raisons, un créancier second en hypothèque peut agir en délaissement, même lorsque le créancier premier en hypothèque est le tiers-détenteur lui-même, et qu'il y a vraisemblance que l'immeuble possédé par ce dernier, n'est que l'équivalent de sa créance.

Je repousse aussi par là même toute clause qui aurait pour but de faire attribuer à des créanciers la chose à dire d'expert. L'art. 2169 exclut formellement tout mode d'exécution qui n'aurait pas pour fin la vente aux enchères, cette vente étant le seul moyen de porter l'immeuble à sa plus haute valeur et de la consacrer officiellement. (Arrêt de Paris, 19 janvier 1847.)

En un mot, il est nécessaire, pour que la conclusion hypothécaire soit complète, que l'expropriation soit entourée de solennités extérieures.

Formes dans lesquelles s'exerce la poursuite.

19. — Une sommation est faite au tiers détenteur, un commandement au débiteur. Par la sommation, le tiers détenteur est informé que, faute par lui de prendre un parti et de recourir à ces tempéraments que le législateur lui a ouverts, le créancier

hypothécaire l'expropriera. Cette mise en demeure fait courir les délais pendant lesquels il pourrait purger (Art. 2183). Dans le cas où le créancier serait forcé de saisir sur le tiers détenteur, cette sommation vaut commandement à l'égard de ce dernier ; elle évite les frais d'un nouvel acte.

Par le commandement, le débiteur est averti que, faute par lui d'acquitter la dette, l'expropriation sera poursuivie sur le tiers détenteur, et que de cette expropriation naîtront pour lui un conflit avec son acquéreur, un recours de la part de ce dernier. Au point de vue juridique, le commandement sera le premier acte de l'expropriation du tiers détenteur, si le payement ne s'effectue pas.

La sommation et le commandement doivent être faits par gens capables, et aux gens qui ont capacité pour les recevoir et y répondre.

Toutes les fois que le créancier n'aura pas en lui-même une personne juridique complète, il devra emprunter le concours de l'administrateur de sa personne ou de ses biens, pour pratiquer les actes dont s'agit, que cet administrateur soit un tuteur, un curateur, ou le mari d'une femme commune, etc.

Que si le tiers détenteur est incapable, le créancier aura soin de sommer la personne qui l'assiste ou la représente ; car la sommation tend dans le cas présent, sinon à une aliénation proprement dite, du moins à une dépossession qui y ressemble beaucoup.

Si le mari a acquis l'immeuble au nom de la communauté, le mari seul sera mis en demeure ; dans le cas contraire, le mari et la femme seront sommés par copies séparées. Si le tiers détenteur est un mineur, la sommation sera faite au tuteur. Sans doute le tuteur n'a pas par lui-même pouvoir de délaisser, il s'entourera pour le faire de certaines formalités exigées pour l'aliénation.

Le tiers détenteur est-il en faillite, la sommation sera faite au syndic, maître des droits et actions du failli.

Le débiteur est-il en faillite ? Il n'y a pas lieu dans l'espèce de la part des syndics, au commandement que l'art. 2169 prescrit de faire au débiteur personnel, ce débiteur (c'est-à-dire le failli) étant représenté par eux aussi bien que par les créanciers. Et du reste le débiteur dans ce cas n'est-il pas dépossédé de tous ses droits et actions?

20. — On s'est demandé, et la question divise encore les auteurs et la jurisprudence, si le commandement doit précéder la sommation, ou la sommation précéder le commandement, et si l'ordre que l'on adoptera est une cause de nullité de la procédure.

D'après l'ordre logique des idées et la construction grammaticale de l'art. 2169, le commandement doit précéder la sommation, car si le débiteur paie sur cette mise en demeure, il n'y aura plus de prétexte à l'exercice du droit de suite et à la sommation.

Mais cet ordre n'a rien d'absolu, et je n'attacherai aucune nullité à l'interversion, comme le font beaucoup d'auteurs et de nombreux arrêts. (Persil sur l'art. 2169, n° 2. — Aubry et Rau, T. II, p. 871, note 5, § 287).

Notre opinion, disent les partisans du système de

la nullité, conduit à des conséquences qui doivent la faire rejeter.

1° En effet, aux termes de l'art. 2183, le tiers détenteur est déchu de la faculté de purger après les trente jours, à dater de la sommation qui lui est adressée ; et c'est uniquement à raison de la déchéance de cette faculté, que suivant l'art 2169, il est permis de procéder contre lui par voie de saisie. Or si le commandement pouvait être fait valablement après la sommation, et pendant les trois années durant lesquelles celle-ci conserve son effet, le tiers détenteur pourrait se trouver déchu de la faculté de purger, longtemps avant qu'il fût passible de la saisie ; ce qui détruirait complétement l'harmonie qui existe entre les dispositions des art. 2169 et 2183.

2° D'un autre côté, la sommation de payer ou de délaisser doit produire, d'après l'art 2176, l'immobilisation des fruits de l'immeuble hypothéqué ; et il serait inexplicable qu'un pareil effet fût attaché à cet acte, alors même que, n'ayant pas été précédé d'un commandement, le créancier ne se trouverait pas en mesure de procéder à la saisie.

Ces observations, dit le premier système, prouvent jusqu'à l'évidence que le législateur a considéré la signification d'un commandement au débiteur personnel, comme le préliminaire indispensable de la sommation à faire au tiers détenteur, et comme la condition essentielle de son efficacité.

Ces observations prouvent tout au plus, qu'il est plus régulier de faire précéder la sommation d'un commandement. La procédure suivra ainsi une marche plus normale. Mais, de ce que l'harmonie sera détruite entre les art. 2169 et 2183, de ce que, alors que le tiers détenteur ne pourra purger, il ne pourra cependant être saisi, faut-il en conclure qu'il y aura nullité ? Que le tiers détenteur soit déchu de la faculté de purger, alors qu'il ne peut être encore saisi, qu'importe. Voici la situation du tiers détenteur.

Il avait un tempérament précieux pour adoucir le droit de suite ; il a laissé passer le court délai dans lequel il devait l'exercer ; il n'est plus digne de la protection du législateur. Mais faut-il nécessairement que, privé du droit privilégié dont il pouvait exciper, il soit exécuté par le créancier ?

Il est dans la position d'un homme qui ayant perdu l'arme défensive, capable de soutenir l'attaque de l'ennemi, se présente désarmé aux coups de son adversaire. Si ce dernier, à la merci duquel il se trouve, retarde le moment de l'exécution, de quoi donc peut-il se plaindre ? Ainsi la nullité ne résulte pas des conséquences qu'entraînerait notre système.

Résulte-t-elle du texte de la loi ? L'art. 2169 est muet sur ce point. Or il est de principe, en droit civil comme en droit pénal, que les déchéances, pour être encourues, doivent être expresses. Lorsque le législateur veut l'exécution stricte des formalités, il a soin d'ajouter ces mots : « *seront observées à peine de nullité.* » Ni ces mots ni des expressions analogues n'existent dans nos articles.

Au second argument on répond. Est-il donc difficile d'admettre, que la sommation soit par elle-même, vis-à-vis du tiers détenteur, une mise en demeure suffisante pour produire l'immobilisation ?

D'ordinaire, cet effet n'est attaché qu'au commandement, parce que l'on a en face de soi le débiteur lui-même, et que vis-à-vis de ce dernier, on peut et on doit procéder en vertu d'un titre exécutoire. Mais vis-à-vis du tiers détenteur, le créancier hypothécaire, n'ayant pas de titre exécutoire, procède par voie de sommation ; et le législateur a soin de nous dire que, par exception au droit commun, ce simple acte immobilise les fruits. Cet effet s'explique par les rapports particuliers et exceptionnels du créancier et du tiers détenteur.

21. — Le commandement dont nous parle l'art. 2169 est fait suivant les formes des art. 673 et suivants du Code de procédure civile puisqu'il tend à saisie immobilière.

En ce qui concerne la péremption, le commandement est soumis aux règles ordinaires de saisie immobilière : que si, dans les quatre-vingt-dix jours, la saisie n'est pas opérée, il est nécessaire de refaire le commandement.

L'art. 2217 nous dit en effet que l'expropriation dans ce cas est suivie suivant les règles ordinaires des saisies, et que le commandement tend à saisie immobilière. Au surplus quel délai l'opinion contraire assignerait-elle à la péremption de notre commandement ? Et si un délai autre que celui de quatre-vingt-dix jours était assigné, quelle serait la raison de cette différence ?

Quant à la sommation, elle suit la règle des exploits ordinaires. Elle doit cependant rappeler le commandement qui a pu être fait, menacer le tiers détenteur de procéder à la saisie de l'immeuble, si d'une part le débiteur ne paie pas, et si d'autre part le tiers détenteur n'a pas recours à un des tempéraments que lui fournit le Code. Elle doit en outre à peine de nullité faire connaître l'immeuble dont le délaissement est demandé, de manière qu'il n'existe aucune incertitude sur cet immeuble. (Cass. 6 juin 1860, s. v. 61, 1356.)

Dans quel délai se périme-t-elle ? On a prétendu que la sommation devait suivre la fortune du commandement, qu'elle était soumise à la péremption de quatre-vingt-dix jours. Cette décision est contraire à l'art. 2176, qui nous dit : les fruits ne sont dus, si les poursuites ont été *abandonnées pendant trois ans*, qu'à compter de la nouvelle sommation qui sera faite.

Elle est contraire aux règles ordinaires des sommations, pour lesquelles il n'y a pas de prescription de ce genre. Elle est contraire aussi au caractère de l'acte.

Qu'on ne dise pas que cette sommation n'est pas un exploit ordinaire, que, marchant parallèlement avec le commandement, naissant avec lui et tendant au fond au même but, elle doit être soumise aux mêmes lois d'extinction. Je reconnais ces ressemblances ; mais, de là, tirer une solidarité dans l'existence des deux actes, non.

Au surplus si, après trois ans passés sans donner cours aux poursuites, le créancier n'a pas même le droit de réclamer les fruits sans réitérer la sommation, à plus forte raison ne doit-il plus avoir droit après le même délai de reprendre les poursuites sans faire une sommation nouvelle.

C'est sur le tiers détenteur que se poursuit l'expropriation. Le texte de notre article s'en explique formellement.

Il peut en arrêter l'effet en excipant du défaut de commandement fait au débiteur originaire.

Il pourrait exciper de la nullité du commandement provenant du défaut de qualité en la personne qui l'a reçu. Mais il ne pourrait exciper d'une simple nullité de forme, que le débiteur personnel pourrait couvrir de son silence. Ce que veut le législateur, c'est que le débiteur personnel soit averti de l'état des choses et qu'il y porte remède.

Lorsque la nullité peut être opposée, elle doit être proposée avant toute défense au fond. Il en est du reste de même pour la nullité de la sommation. (Toulouse, 12 juin 1860. — S. v. 60. 2. — 545. — p. 61. 395.) — C'est l'application de la règle édictée par l'art. 178 du Code de procédure.

La première sommation, non suivie d'effet dans les trente jours qui se sont écoulés ensuite, a suffi pour faire déchoir le tiers détenteur du droit de purger. Et peu importe, qu'il y ait eu commandement suivi de saisie. Le coup est porté, le tiers détenteur est forclos, le moment de son exécution est retardé ; voyez l'art. 2183.

Et du reste, la négligence d'un créancier, ou son désistement ne peut nuire aux droits des autres. Par la sommation, le tiers détenteur a été mis en demeure, et cette mise en demeure a profité à tous. Ils ne peuvent être dépouillés au gré du créancier poursuivant d'un droit acquis. Cette décision est vraie même au cas où le créancier poursuivant ayant été désintéressé, abandonne les poursuites.

Un commandement cependant serait nécessaire, si la poursuite était reprise par un créancier ultérieur, car il faut que chaque poursuivant fasse un commandement.

Une fois la sommation et le commandement régularisés, la saisie ne peut s'opérer immédiatement. Il faut laisser s'écouler un espace de trente jours. La loi donne ainsi le temps au débiteur et au tiers détenteur de prendre une résolution difficile.

Mais, qu'entend la loi par ce délai de trente jours? Du moment que nous admettons, et je suis du nombre, que la sommation dont nous parle l'art. 2169 est la même que celle de l'art. 2183; comment concilier ces deux articles? L'un nous parle d'un délai de trente jours, l'autre du délai d'un mois, qui tantôt compte 31 tantôt 30 et tantôt 28 ou 29 jours. — Y aurait-il là deux délais distincts? — Non. Les deux actes sont les mêmes, donc le délai doit être le même.

Au surplus, comment pourrait-on admettre que l'on pût saisir la veille du jour où l'on ne serait pas déchu de la faculté de purger?

La question de savoir de combien de jours est composé le mois a fort tourmenté les interprètes du droit romain. — Dans l'ancien droit français, la jurisprudence était fort divisée.

Sous le Code, il a été généralement admis qu'on fixe le mois au nombre de jours déterminé par le calendrier grégorien. — (Voir le Code de commerce, *Usances.*)

Mais la Cour de cassation reconnaît elle-même qu'il y a des exceptions à cette règle de calcul, lorsque le législateur en a autrement ordonné. — Ainsi le Code pénal, art. 40, fixe à trente jours la durée du mois d'emprisonnement.

Dans l'espèce, nous avons justement la limitation de l'art. 2169 à laquelle ne peut faire échec l'article 2183; ces articles s'expliquent l'un par l'autre. On ne compte ni le *dies a quo* ni le *dies ad quem*.

22.—Si la sommation et le commandement restent sans résultat, on procède à la vente; mais dans quelles formes? On suit les règles de l'adjudication sur saisie tracées par le Code de procédure dans les articles 673 et suivants.

L'expropriation commencée, quelle est la position du tiers détenteur, soit vis à vis de l'immeuble, soit vis à vis du débiteur? Nous traiterons ce point un peu plus loin.

DEUXIÈME PARTI.

II

DÉLAISSEMENT.

23.—Le tiers détenteur en abandonnant aux créanciers inscrits la possession de l'héritage s'affranchit de la poursuite. Cet abandon s'appelle le délaissement.

24. — Je diviserai ce chapitre en trois sections :

Section 1re. — Par qui le délaissement peut-il être fait?

Section 2e. — Dans quelles formes?

Section 3e. — Quels en sont les effets?

SECTION PREMIÈRE.

Par qui le délaissement peut-il être fait.

Le délaissement, nous dit l'art. 2172, « ne peut
» être fait ni par ceux qui sont personnellement obli-
» gés à la dette, ni par ceux qui sont incapables d'a-
» liéner. »

§ 1er.

1re *Condition.*—*Il ne faut pas être personnellement obligé à la dette.*

25. — Celui qui est tenu personnellement ne peut
délaisser, parce deux liens l'engagent au créancier;
l'un que j'appellerai le lien *propter rem* et l'autre
propter personam. Il aurait pu s'affranchir, s'il n'y
avait eu que l'obligation première; mais la nature de
la seconde s'y oppose, parce que tous les biens d'un
débiteur sont le gage du créancier; parce qu'il ne
lui sert à rien d'abandonner un immeuble, alors que
tous les autres biens peuvent être saisis successivement, et enfin parce que la honte d'une saisie
peut le porter à tenir ses engagements. Comme dit
Loyseau (*Déguerpissement,* livre IV, chap. III, nos 3
et 4), le gage n'a pas été donné au créancier pour
qu'il s'en contente, mais bien pour qu'il y trouve une
sûreté. *In datione pignoris non hoc agitur ut eo
contentus sit creditor, sed potius ut in tuto sit cre-
ditum.* (*Inst.,* § dern., *Quib. mod. re contrah.*)

Il est certain que tous tiers détenteurs à titre

particulier, comme l'acheteur, le co-échangiste, le donataire, le légataire particulier, ne succédant pas aux obligations de leurs auteurs, peuvent délaisser.

On peut dire, d'après M. Paul Pont, par forme d'énumération générale « que le délaissement n'est » pas permis au débiteur solidaire, devenu acquéreur » de l'immeuble grevé d'hypothèques par son co- » débiteur; à la caution devenue propriétaire de l'im- » meuble affecté par le débiteur principal à la sûreté » du contrat, dont elle avait garanti l'exécution.

» Pour le cautionnement nous entendons parler » seulement de celui qui engendre une obligation » personnelle. »

Quant aux successeurs universels, continuateurs de la personne du défunt par une sorte de mé- tempsychose juridique, ils sont tenus personnelle- ment et ne peuvent délaisser; et il en est ainsi de l'héritier bénéficiaire non moins que de l'héritier pur et simple.

On doit assimiler au légataire universel, au moins quant au délaissement, le donataire de biens présents et à venir. (Art. 1085 et 1093 du Code civil.)

On le considère comme personnellement obligé aux dettes; il ne peut donc délaisser.

En ce qui concerne le donataire de tous les biens présents, ou le donataire d'une chose déterminée, est certain que ni l'un ni l'autre de ces donataires ne sont personnellement tenus des dettes du donateur : d'où il suit qu'il y a lieu au délaissement.

26. — Le délaissement ne peut-il pas être fait par

8

l'héritier détenteur d'héritages hypothéqués, en offrant aux créanciers sa part dans la dette?

Pour que, dans l'espèce, l'héritier soit autorisé au délaissement, le créancier doit accepter le payement que l'héritier veut lui faire de sa part dans la dette. Cette offre, du reste, le créancier est toujours libre de la refuser et de poursuivre son payement intégral par la voie hypothécaire. Si le créancier refuse, l'héritier reste tenu personnellement au moins pour partie, et, lui faisant l'application de l'art. 2172, nous déciderons qu'il ne peut dans ce cas délaisser.

Mais en admettant que le créancier accepte, dirons-nous que l'héritier, payant sa part, peut délaisser ?

La question est vivement controversée.

Pour soutenir la négative on raisonne ainsi :

Par sa qualité d'héritier pur et simple, il est tenu personnellement de la dette hypothécaire. Il ne peut abdiquer cette qualité, il ne peut, même au moyen du payement de sa part, être assimilé à un tiers qui, entièrement étranger à la dette, détient, à titre de vente ou de donation, les biens hypothéqués à cette dette. On trouve bien entre eux certaines analogies; mais on y remarque aussi certaines dissemblances qui ne sauraient permettre l'application à l'héritier d'une manière absolue des règles concernant les tiers-détenteurs.

L'art. 877 impose à l'héritier de payer sa part et portion virile ; il ajoute qu'il est tenu hypothécairement pour le tout.

L'art. 1221 fait une exception formelle au principe de la divisibilité des dettes entre héritiers pour le cas où la dette est hypothécaire.

De l'ensemble de ces deux dispositions, résulte que l'héritier, tenu personnellement pour partie, et hypothécairement pour le tout, est placé dans une position tout à fait spéciale. On risquerait de s'égarer, si on voulait le considérer comme un tiers détenteur, et lui appliquer toutes les dispositions du Code au titre des hypothèques. Si la loi eût voulu lui attribuer de pareils priviléges, il semble qu'elle eût dû s'en expliquer, et que, dans son silence, les seules règles à suivre sont celles des art. 873 et 1221.

Ajoutez, dit le premier système, aux incompatibilités des art. 878 et 1221, les dispositions suivantes qui excluent pour l'héritier tout droit au délaissement :

Ainsi : 1° Le tiers détenteur peut purger. L'héritier ne le peut, puisqu'il est tenu à toute la dette hypothécaire.

2° Le tiers détenteur a une action en garantie pour éviction (2178 et 2191); l'héritier ne peut que demander leur part à ses cohéritiers.

3° Le tiers détenteur conserve les fruits de l'immeuble jusqu'à la sommation; l'héritier ne le peut pas, *non dicuntur bona, nisi deducto œre alieno.*

4° Pourra-t-on remplir les prescriptions de l'art. 2169, — faire commandement et sommation ?

Ce raisonnement, qui a une apparence de vérité, est au fond complétement erroné.

Les art. 877 et 1221 viennent-ils créer une indivisibilité telle, qu'on ne puisse dans l'héritier détenteur reconnaître l'obligé personnel et l'obligé réel ? C'est une erreur. Les art. 877 et 1221 ne sont qu'une application de l'indivisibilité de l'hypothèque, en ce sens que tout détenteur d'un immeuble hypothéqué est tenu pour toute la dette, qu'il y ait ou non de sa part obligation personnelle. Ainsi en principe, l'héritier n'est tenu que pour sa part, les dettes se divisant de plein droit ; mais s'il détient un immeuble hypothéqué, alors il est tenu au delà de sa part, non pas par suite d'une qualité inhérente à son titre d'héritier, mais par suite de sa qualité de possesseur d'héritage. Nous savons d'autre part que tout détenteur d'immeuble peut délaisser, pourvu qu'il ne soit pas *personnellement* tenu. Or, dans l'espèce l'obligation personnelle n'existe plus ; l'héritier a payé sa part ; il est tenu seulement *propter rem* ; il peut donc bénéficier du délaissement.

M'objectera-t-on qu'une fois héritier, on ne peut abdiquer sa qualité, *semel hæres, semper hæres ?* Toute la question est de savoir s'il est personnellement obligé quant à l'immeuble.

Or, il ne l'est pas. — L'héritier dans l'espèce est pour moi dans la position d'un tiers détenteur ordinaire qui, étant obligé personnellement, réunirait deux qualités. Il pourrait se dépouiller de l'obligation personnelle, faire le délaissement de l'immeuble et s'exonérer ainsi des embarras et des soucis inséparables d'une poursuite en expropriation.

Qu'importe au surplus que l'héritier **ne** puisse comme on l'a dit ni purger, ni immobiliser les fruits, ni avoir une action en garantie complète ?

J'en tire cette simple conséquence, que l'héritier

tiers détenteur ne ressemble pas tout-à-fait, même après paiement de sa part, au tiers détenteur étranger ; mais ces dissemblances n'excluent aucunement la ressemblance sur d'autres points. Et du reste, de ce que l'héritier est privé de ces facultés précieuses dont le tiers détenteur ordinaire est doté, s'ensuit-il qu'il soit privé de toutes les autres ?

Enfin, nous dit-on, nous ne pourrons remplir les conditions de l'art. 2169, faire commandement au débiteur originaire ou plutôt personnel et sommation au détenteur ? Qu'importe encore ! — A l'héritier tiers détenteur, on ne lui fera qu'une sommation, le commandement est inutile quant à lui ; on le fera à ses cohéritiers.

27.—L'impossibilité du délaissement ne peut-elle pas résulter du refus des créanciers d'autoriser le tempérament dont s'agit ou de l'intervention du vendeur qui veut maintenir ses conventions avec son acheteur ?

Lorsque le prix de vente est supérieur au montant des créances inscrites, je suis d'avis que le tiers détenteur ne peut délaisser. Le délaissement fait dans ces circonstances pourrait être critiqué même par le vendeur. C'est que la faculté du délaissement a été accordée pour permettre aux tiers détenteurs non obligés de payer au delà du prix stipulé dans leur contrat d'acquisition, ce qu'ils n'ont pas à redouter dans l'espèce.

Décider le contraire, serait permettre au tiers détenteur de résilier un contrat synallagmatique par sa seule volonté.

Qu'il paie les créanciers, il se libérera et libérera aussi l'immeuble ; il n'a donc dans l'espèce aucun motif réel pour délaisser.

Ainsi, si le prix est supérieur au montant des créances inscrites, que l'acquéreur ait pris ou non dans le contrat l'engagement de payer son prix aux créanciers inscrits ; que les créanciers à qui le délaissement a été fait, consentent ou non à le voir rétracter, le vendeur pourra critiquer le délaissement et exiger de l'acquéreur que le prix soit payé et que l'immeuble soit dégagé. Mais le vendeur doit se prévaloir des griefs qui lui sont propres ; il ne peut donc pas arguer de ce que les créanciers inscrits auraient eu contre le tiers détenteur une action personnelle, à laquelle ils auraient pu recourir par préférence à l'action hypothécaire.

Cette opinion admise, c'est au vendeur qui critique le délaissement, à prouver la supériorité du prix et comme conséquence la sécurité de son acheteur. — Il allègue un fait ; il doit le prouver.

Le prix de vente est-il inférieur au montant des créances inscrites ? Il faut distinguer, pour savoir s'il y aura lieu au délaissement.

Observons tout d'abord que le vendeur peut avoir intérêt à s'opposer au délaissement. Le contrat est avantageux et l'expropriation poursuivie sur un curateur entraîne des lenteurs, des frais et un discrédit du bien mis en vente.

Mais a-t-il le droit de s'opposer au délaissement ? Seul, non ; car si les créanciers poursuivent l'expropriation, il ne peut l'arrêter qu'en les désintéressant.

Les créanciers sont toujours libres de refuser le prix.

Que si les créanciers acceptent le prix comme suffisant, et par conséquent refusent le délaissement, le vendeur pourra se joindre à eux et faire maintenir le contrat. Les créanciers, dans ce cas, ne pouvant poursuivre le paiement du prix contre un tiers qui n'a aucun lien de droit avec eux, emprunteront la personnalité du vendeur et exerceront, soit à son défaut, soit concurremment avec lui, les droits qu'il peut avoir. Le tiers détenteur devra conserver l'immeuble. De quoi peut-il se plaindre? Il devait payer son prix. Qu'il le paie aux créanciers hypothécaires ou au vendeur, peu lui importe.

Ce paiement, néanmoins, équivaudra à une purge, à l'affranchissement de l'immeuble, et le tiers détenteur sera dans la position, non point d'un tiers détenteur subrogé jusqu'à concurrence de ce qu'il a payé et exposé encore aux poursuites hypothécaires, mais bien d'un tiers détenteur qui aura affranchi complétement l'immeuble.

Alors même que le montant des charges hypothécaires dépasse le prix de vente, fait observer M. Duranton, cette circonstance ne suffit point pour que l'acquéreur puisse délaisser, tant qu'il n'est pas poursuivi; car il y a espoir que le débiteur paie ses dettes et par là affranchisse l'immeuble ou qu'il en paie assez, dit l'auteur, pour que le prix ou la partie du prix encore due suffise à éteindre le surplus.

28.—Il n'y aura pas à distinguer si le prix est inférieur ou supérieur au montant des créances inscrites, lorsque l'impossibilité de délaisser résulte du contrat de mutation lui-même ; les stipulations du contrat pouvant être inconciliables avec le tempérament dont nous parlons ; ou bien il est manifeste qu'on a voulu en interdire l'exercice.

Les conventions particulières peuvent mettre à la charge de l'acquéreur les obligations de payer les créanciers avec le prix de la chose. Dans ce cas, lorsque les créanciers ont accepté cette délégation, l'acquéreur est tenu personnellement ; il s'établit un lien d'obligation personnelle entre les créanciers et l'acquéreur non présents. Le tiers détenteur ne peut donc plus délaisser.

La question est plus délicate, lorsqu'il y a une délégation non acceptée, c'est-à-dire une simple indication de paiement.

Quand même l'acquéreur voudrait délaisser l'héritage, nous dit Loyseau, lorsqu'il est poursuivi par le créancier, le créancier peut toujours intenter contre lui l'action utile, en vertu de la promesse qu'il aurait faite au premier débiteur de payer et acquitter le prix de vente, encore même que le débiteur n'eût pas fait de cession d'action au créancier.

Remarquons, dit M. Troplong, que les créanciers devraient se garder de conclure au délaissement, toutes les fois qu'ils intentent l'action personnelle, car le détenteur serait en droit de les prendre au mot. Ils doivent se renfermer dans les conclusions de l'acte qu'ils exercent au nom du débiteur, et ne pas y mêler les conclusions de l'acte hypothécaire.

Lorsque l'acquéreur s'est obligé à purger, il serait contraire à tous les principes de permettre à cet acquéreur de délaisser l'immeuble. Il est lié par cette clause; il ne peut donc s'en affranchir à son gré. Que les créanciers, non satisfaits du prix, le poursuivent, et arrivent à l'expropriation : soit, on aboutira ainsi au même résultat; mais on cède à une nécessité; l'exécution de l'engagement est au moins maintenue. Il y a en effet dans cette stipulation, sinon une obligation personnelle proprement dite, tout au moins une obligation incompatible avec le tempérament établi par la loi; le délaissement suppose que le purgement n'a pas eu lieu.

Celui qui se rend adjudicataire d'un immeuble, vendu sur enchère ou vente volontaire, et qui s'oblige à payer la folle enchère en cas d'inexécution des clauses du contrat d'adjudication, est-il recevable à délaisser l'immeuble par hypothèque? Non. (Voir Sirey, 10, 2, 83.)

§ 2.

2ᵉ Condition. — Capacité d'aliéner.

29.—La seconde condition constitutive de la faculté de délaisser, c'est la capacité d'aliéner. Mais pourquoi exiger cette capacité dans l'espèce, le délaissement n'étant pas l'abandon de la propriété, mais seulement de la possession? Si le délaissement n'est pas une aliénation, il y conduit directement; il entraîne donc avec lui des conséquences tellement graves, que le législateur n'a dû accorder cette faculté qu'à ceux qui pouvaient agir en connaissance de cause et en plein exercice de leurs droits.

30. — Pour délaisser, la femme mariée n'a besoin que de l'autorisation de son mari, le faible d'esprit et le prodigue que de l'assistance de leur conseil.

La Cour de cassation a jugé avec raison qu'un acquêt de communauté pouvait être délaissé par le mari seul, alors même que la femme eût été présente au contrat d'acquisition. Cette décision est conforme au pouvoir omnipotent du mari gouvernant la communauté (art. 1428 et *seq.*).

L'immeuble est-il dotal, le délaissement ne pourra se faire qu'avec l'autorisation de la justice, conformément aux art. 1556 et *seq.* du Code Napoléon.

Le délaissement peut être fait par les syndics définitifs, mais seulement avec l'autorisation du juge-commissaire. En effet, les syndics définitifs, à la différence des syndics provisoires, ont un large pouvoir d'administration qui va jusqu'à aliéner, il est vrai avec certaines formalités extérieures.

Ne désertent-ils pas ainsi leur administration? Non. Ils peuvent aliéner, ils représentent la masse et le failli.

Aux syndics définitifs, j'assimilerai les envoyés en possession définitive des biens d'un absent (art. 132 du Code Napoléon). Ces envoyés ont une jouissance complète des biens de l'absent.

Quant aux envoyés en possession provisoire, ils

devront subir l'expropriation, l'art. 128 du Code Napoléon leur défendant d'aliéner.

L'administrateur provisoire des biens d'un aliéné, nommé en vertu de la loi de 1838, pourra délaisser avec l'autorisation du conseil de famille et l'homologation du tribunal civil.

31. — Le curateur à succession vacante ne peut délaisser. Je ne déciderai pas, comme MM. Troplong et Pont, que le curateur est privé de cette faculté à cause de sa qualité d'administrateur, car le syndic, le tuteur, l'héritier bénéficiaire, ne sont que des administrateurs.

Du reste la loi confère au curateur, comme aux syndic, tuteur et héritier bénéficiaire, le droit de faire vendre moyennant certaines formalités.

Si le curateur ne peut délaisser, c'est que, comme l'a fait remarquer M. Flandin (Code Napoléon, 2174), il est un mandataire choisi par la partie pour représenter la succession, et qu'il se doit à toutes les obligations que lui impose ce mandat. A quoi servirait qu'il fît le délaissement, puisqu'il faudrait, sur la pétition du plus diligent des intéressés, créer à l'immeuble délaissé un curateur sur lequel la vente de l'immeuble serait poursuivie?

Quelques auteurs et surtout l'ancienne jurisprudence ayant à sa tête Chopin (*Coutume de Paris*, liv. II, t. V, nos 22, 23) et Lebrun (*Succession*, liv. III, chap. 4, no 68), ont voulu prétendre que, sous ce rapport, l'héritier bénéficiaire devait être assimilé au curateur à succession vacante; qu'en effet, il tenait plus de ce dernier que du véritable héritier.

Il doit en effet compte aux créanciers des biens et revenus de la succession.

Cette opinion, déjà combattue par Pothier, ne saurait être soutenue.

L'héritier bénéficiaire remplit les deux conditions exigées par l'art. 2172, pour pouvoir délaisser. D'une part, en effet, il n'est pas personnellement obligé à la dette, puisque ce bénéfice a justement pour effet (art. 802, C. N.) d'opérer une séparation du patrimoine de l'héritier et du patrimoine du défunt, seul responsable et débiteur. D'autre part, il a la capacité d'aliéner (art. 806 et s. C. N.).

On objecte en vain qu'il n'a cette capacité que sous la condition de vendre avec des formalités solennelles. Qu'importe ! Imposer de pareilles garanties, ce n'est pas toucher à la capacité, c'est donner une garantie aux créanciers. Dans l'espèce, cette garantie est aussi grande, car pour délaisser l'intervention de la justice est nécessaire ; il faut un jugement de validité, et le délaissement, une fois validé, l'adjudication se poursuit aux enchères publiques avec toutes les formalités solennelles.

En agissant de cette façon, l'héritier bénéficiaire ne s'expose aucunement à la déchéance de sa qualité. Les créanciers n'ont vu ni diminuer leurs sûretés et garanties, ni pu signaler dans ce fait un acte de propriétaire et d'héritier pur et simple.

Lorsque l'immeuble grevé se trouve dans les mains d'un incapable, tel qu'un mineur, le délaissement est-il impossible d'une manière absolue, ou peut-il être fait avec les précautions qui sont requises, toutes les fois qu'il s'agit des droits immobiliers du mineur ?

M. Grenier soutient seul l'impossibilité du délaissement. Les autres auteurs admettent le délaissement, mais ils se divisent sur le point de savoir quelles sont aussi les formalités exigées pour l'effectuer.

M. Grenier raisonne ainsi : il faut pour délaisser la capacité d'aliéner, donc les incapables dont nous parlons se trouvent dans l'impossibilité de délaisser. Il ajoute : ils ne le peuvent même pas en s'entourant des formalités exigées par la loi, pour la vente des biens de mineurs, puisque l'emploi de ces formalités ne ferait que retarder la poursuite des créanciers ; ce qui ne doit pas avoir lieu.

M. Grenier se trompe, le tuteur a capacité pour aliéner ; donc il remplit la seconde condition exigée par l'art. 2172.

Que si, pour compléter cette capacité, il est obligé d'avoir recours à de nombreuses formalités, qu'importe aux créanciers, pourvu que ces formalités n'entravent pas leur action ? Sans doute si elles ne sont pas accomplies dans les délais impartis pour délaisser, payer ou purger, le créancier pourra, sans avoir égard aux lenteurs nécessaires des formalités, poursuivre l'expropriation de l'immeuble. Mais il n'en est pas moins vrai qu'en principe le tuteur a capacité pour délaisser.

Dans la seconde opinion, je prends parti pour ceux qui se contentent d'une autorisation du conseil de famille, sans homologation du tribunal. Si le délaissement était une vente, et s'il y avait en conséquence ici application des art. 457 et 458, il faudrait non-seulement l'homologation du tribunal, mais encore l'estimation par des experts ainsi que toutes les formalités des art. 955 et 956 du Code de procédure.

L'emploi de ces formalités compliquées, nombreuses et lentes, rendrait impossible le délaissement par un mineur; on ne pourrait jamais les accomplir dans le délai imparti; de telle sorte que les auteurs du système empêcheraient de se produire ce qu'ils veulent créer.

Pour bien asseoir les principes, il faut se rendre compte de ceci, que le délaissement n'est pas une vente, tout en étant une aliénation, et qu'au point de vue où nous nous plaçons, c'est plutôt un acquiescement. Car, sommé de payer ou de délaisser, si au lieu de résister passivement ou activement, je donne satisfaction à la sommation, et je déclare au créancier poursuivant que je suis prêt à délaisser, c'est bien là un aquiescement à une demande immobilière; et l'art. 464 nous dit que le tuteur n'a besoin pour acquiescer à une demande immobilière que de l'autorisation du conseil de famille.

J'assimile le délaissement à cet acquiescement, et j'en conclus que l'autorisation du conseil de famille, sans l'homologation, suffira.

3ᵉ Condition ajoutée par quelques auteurs. —
Nécessité du paiement préalable.

32. — M. Delvincourt a soutenu que l'acquéreur

d'un immeuble ne devait être reçu à délaisser, qu'autant qu'il avait déjà payé son prix ; car, dit-il, la loi n'a point voulu que l'acquéreur pût seul résoudre un contrat synallagmatique ; elle n'a fait que protéger le tiers détenteur contre un paiement double.

C'est une erreur. Comme je l'ai démontré plus haut, le délaissement ne pourra avoir lieu qu'avec le consentement des créanciers. S'ils refusent, et que le délaissement s'accomplisse, il n'y aura là qu'une conséquence nécessaire de la situation hypothécaire du vendeur qu'il a créée et partant connue.

Le texte n'exige nullement cette troisième condition; car l'art. 2172 accorde d'une façon absolue la faculté de délaisser à celui qui n'est pas personnellement obligé à la dette, sans distinguer s'il a ou non payé le prix au vendeur.

Et enfin, le vendeur n'a-t-il pas à s'imputer de n'avoir pas imposé à l'acquéreur l'obligation de payer sur le prix le montant des créances inscrites?

L'opinion de M. Delvincourt conduit à rendre la purge obligatoire pour le tiers détenteur, tandis que ce n'est qu'une faculté.

33. — A ces questions où l'on recherche s'il y a ou non obligation personnelle de la part du tiers détenteur et, par conséquent, impossibilité de délaisser, se rattache la 1re partie de l'art. 2173. « Le délais- » sement peut être fait même après que le tiers dé- » tenteur a reconnu l'obligation ou subi condamna- » tion en cette qualité de tiers détenteur. » Sur ce point, deux observations. L'obligation personnelle

ne résulte ni d'une condamnation subie, ni d'une reconnaissance d'hypothèque.

La créance est à terme ou conditionnelle; le créancier redoute la proscription. Pour éviter la perte de ses droits, il assigne le tiers détenteur, non pas en paiement, mais en reconnaissance d'hypothèque. Que cette reconnaissance soit amiable ou judiciaire, il n'y aura dans tous les cas qu'une interruption du droit hypothécaire; ce qui n'entraîne aucune obligation personnelle, et partant aucune déchéance.

Le tiers détenteur croit trouver une nullité dans la constitution de l'hypothèque de l'un des créanciers. Il en demande la radiation. Il succombe. Comme le débat n'a aucunement porté sur une question d'obligation personnelle, la condamnation qu'il subit n'entraîne pour lui aucune déchéance.

Lorsqu'il intervient entre le tiers détenteur et le créancier poursuivant, des débats judiciaires et dans toutes autres espèces, on doit présumer, dans le doute, que l'acquéreur n'a voulu s'obliger que comme tiers détenteur; car l'obligation personnelle est une aggravation qui ne doit pas être facilement admise; il faut qu'elle soit prouvée.

SECTION DEUXIÈME.

Dans quel délai et suivant quelles formes le délaissement hypothécaire doit-il être fait?

34. — Le délaissement n'a pas seulement pour but de suspendre les poursuites, il les arrête complète-

ment et les annule, de telle sorte qu'une fois effectué,
le créancier doit poursuivre l'expropriation sur un
curateur. C'est un moyen de défense péremptoire. Il
en résulte que le délaissement n'est pas enfermé
dans un délai fatal.

§ 1er.

Délai dans lequel le délaissement peut se faire.

35. — Il est évident, quoi qu'en aient dit certains
auteurs, que le tiers détenteur peut délaisser même
après les trente jours courus depuis la sommation à lui
faite de délaisser ou de payer. L'art. 2169 ne trace en
effet aucune limite et ne prononce aucune déchéance
comme l'art. 2183. Si l'art. 2169 présentait un délai
fatal, l'art. 2173 n'aurait pas d'application, car il arriverait souvent que le jugement de condamnation
interviendrait après les trente jours. Dans la première
opinion on ne pourrait alors délaisser. Ce que contre-
dit formellement l'art. 2173. — Du reste le délaissement est une défense au fond. Elle peut être proposée
en tout état de cause.

Ainsi le délaissement n'est pas enfermé dans le
délai de trente jours dont parle l'art. 2169. Je vais
plus loin, et je décide que le délaissement peut encore
être fait, lorsque les poursuites en expropriation ont
été entamées contre le tiers détenteur. La question
néanmoins est controversée. Les uns soutiennent
que le délaissement peut être fait même au moment
de l'adjudication. — D'après les autres, il n'y a plus

lieu au délaissement, les trente jours expirés, dès que les poursuites commencent. — Quant à moi, je ne donne pas un droit si étendu que le premier système, mais je ne limite pas l'exercice de cette faculté au délai fatal de la deuxième opinion. Je prends un terme moyen. La première opinion s'appuie : 1° sur le texte de l'art. 2169 : cet article ne fixe aucun délai ; pour que le délaissement s'exerce, il suffit de n'être pas personnellement obligé à la dette : 2° sur l'art 2173 : cet article accorde le droit de délaisser, même après condamnation et reconnaissance de l'hypothèque.

Je suis en principe de cet avis ; mais le délaissement doit s'effectuer au début de la procédure, sans quoi il y aurait lésion d'intérêts graves, et multiplication inutile de frais et de lenteurs. Aussi je repousse la décision de la Cour d'Angers du 14 juillet 1855. Cet arrêté décide que le tiers détenteur peut faire le délaissement même après saisie de l'immeuble opérée contre lui par un créancier hypothécaire du vendeur, et conduite jusqu'au moment de l'adjudication. La Cour d'Angers va trop loin. Le tiers détenteur pourra d'après elle attendre le moment de l'adjudication pour faire sa déclaration de délaissement et forcer ainsi de tout suspendre pour faire procéder à la nomination d'un curateur, au grand détriment de tous les intéressés. « Les délais de la procédure » en expropriation, dit fort bien M. Duranton, étant » de rigueur, il deviendrait extrêmement difficile pour » ne pas dire impossible, dans beaucoup de cas, de » concilier cette rigueur avec le retard qu'entraîne-

» rait le changement de la personne du défendeur sur
» l'expropriation. »

La Cour d'Angers décide en outre que le délaissement dans l'espèce pourra s'opérer, bien que le tiers
détenteur ait fait notifier son contrat à ce créancier,
si ce dernier n'a tenu aucun compte de cette notification et qu'elle ne l'ait pas empéché de poursuivre la
vente forcée de l'immeuble. J'approuve entièrement
cette deuxième partie de l'arrêt. En effet, en notifiant
son contrat et en offrant le prix aux créanciers hypothécaires, le tiers détenteur *s'engage personnellement* à payer son prix d'acquisition : il s'en constitue
débiteur.

Si les créanciers acceptent, il ne peut plus délaisser. Mais s'ils refusent, les offres sont comme non
avenues ; il n'y a donc pas de lien personnel, puisque
le contrat qui devait le faire naître n'a pas eu d'effet.
— Les poursuites hypothécaires malgré les offres,
équivalent à un refus des offres.

Dans la deuxième opinion, on décide que l'art. 2169
contient l'indication d'un terme rigoureux : j'ai déjà
fait bon marché de cet argument. Comme dit Pont
(t. 2, *Traité des priviléges et hypothèques n° 1186*),
la règle qui exige un intervalle de trente jours
entre la sommation et la saisie, a été écrite pour les
créanciers dont elle suspend l'action, et si elle peut
être opposée au tiers détenteur, c'est en ce sens seulement que les trente jours expirés, sans que le tiers
détenteur ait pris parti, celui-ci ne peut plus, sauf
le cas de péremption du commandement et de la
sommation, empêcher les créanciers d'agir en vue de

recouvrer leur créance. Mais il n'en résulte en aucune façon que le tiers détenteur doive nécessairement rester en cause, pour que l'expropriation et la vente soient suivies par lui-même et qu'il ne puisse pas abandonner la possession, pour que la procédure s'accomplisse sur le curateur créé à l'immeuble délaissé. Pour que cette faculté de se soustraire aux poursuites lui soit enlevée, il doit être obligé personnellement ou il doit être intervenu contre lui une condamnation personnelle. Il suffit que ces circonstances n'existent pas au moment de la saisie, pour que la saisie ne puisse par elle-même faire obstacle au délaissement.

On ajoute qu'il ne peut dépendre du tiers acquéreur, qui depuis longtemps est en demeure de payer ou de délaisser, d'entraver la marche de l'expropriation, de multiplier les frais et de paralyser pendant quelque temps l'action des créanciers. Ce tiers a pu pendant les trente jours qui ont précédé la saisie, prendre un parti, et s'il ne l'a pas fait, il doit supporter toutes les suites de sa négligence. Du reste en prenant le rôle de défendeur à la saisie, le tiers détenteur a tacitement promis de rester en cause.

Quant aux inconvénients que peut entraîner la première opinion, je les ai signalés et je les reconnais avec les partisans du deuxième système. Je ne permettrais pas le délaissement au moment de l'adjudication, j'ai expliqué pourquoi. Mais il n'est pas juste de dire que le tiers détenteur, en défendant à la saisie, a promis de rester en cause; accepter un débat provisoirement, n'est pas renoncer aux droits que

l'on peut faire valoir. Or le tiers détenteur, à moins
qu'il n'ait conclu de façon à rendre incompatible le
délaissement avec les déclarations ou erreurs con-
tenues dans ses conclusions, est toujours libre de produire une défense péremptoire au fond pour se défendre contre la saisie. Le délaissement est une de
ces défenses.

Comme je l'ai dit, je suis d'avis que si la procédure d'expropriation n'est qu'à son début, si l'on n'a
pas encore obtenu un jugement de conversion, il n'y
a aucune raison de repousser le délaissement. C'est
ce qu'a compris la Cour de Paris dans les arrêts des
10 janvier 1851 et 7 février 1853, (D. P. 53, 2. 23.
et 230.) Ces arrêts ont décidé que le jugement de conversion de la saisie immobilière en vente volontaire,
même lorsqu'il a été rendu commun avec le tiers détenteur, ne fait pas perdre à ce dernier la faculté de
délaisser. Un jugement de conversion, qui a pour objet de rendre la poursuite moins dispendieuse, de
diminuer le discrédit qui s'attache à une vente sur
saisie et enfin de rassurer l'acquéreur par un établis-
sement de propriété plus complet, n'intervient qu'au
début même de la poursuite.

Ainsi dans ce système, qui est la première opinion
tempérée, d'une part on respecte le droit absolu au
délaissement (art. 2169), et le principe que cette faculté
ne peut être enlevée par la saisie (art. 2173), et d'autre part on évite, dans l'intérêt de tous, les frais, les
lenteurs qu'entraînerait fatalement la première opinion
extrême. On concilie en un mot la loi et la rigueur
des délais de procédure avec les intérêts, les droits et

les devoirs des divers personnages qui jouent un rôle dans la poursuite hypothécaire.

Il peut arriver que certaines formalités ou certains faits s'opposent à la faculté de délaisser; c'est que dans ce cas il y a non pas forclusion, mais déchéance du droit, par suite d'une renonciation présumée. Ainsi, lorsqu'un ordre s'ouvre et se clôt, et surtout de mon consentement même sans les notifications prescrites par l'art. 2183, du Code Napoléon, l'effet de l'ordre est de purger la propriété acquise, c'est-à-dire d'en fixer définitivement la valeur au prix stipulé par le contrat, de délivrer l'immeuble vendu de tous priviléges et hypothèques et d'obliger le tiers détenteur soit hypothécairement, soit personnellement à payer son prix aux créanciers en ordre de recevoir. Consentir à la fixation définitive du prix et à la distribution aux créanciers, c'est par là même opter vis-à-vis de ces derniers pour l'exécution du contrat.

Le système contraire ne tendrait à rien moins qu'à laisser subsister cumulativement et tant que le tiers détenteur ne serait pas libéré, la faculté de délaisser avec l'obligation de payer son prix résultant de l'accomplissement de certaines formalités. — En un mot le tiers détenteur dans l'espèce a deux facultés, il renonce à l'une et opte pour la deuxième, il ne peut revenir sur sa décision et choisir la première. Ce n'est donc pas parce qu'il n'est pas dans les délais qu'il ne peut délaisser, c'est parce que le droit d'option lui est enlevé de son propre gré.

Lorsque le tiers détenteur fait les notifications prescrites par l'art. 2183 et offre son prix, et que les

créanciers acceptent ses offres, soit en le déclarant
formellement, soit en ne faisant pas la surenchère
du dixième, ce qui équivaut de leur part à une accep-
tation définitive du prix, le tiers détenteur n'est pas
recevable à faire le délaissement, parce qu'il est réputé y avoir renoncé. Désormais il n'est plus dans
la position d'un tiers détenteur obligé seulement
hypothécairement; il a contracté l'obligation personnelle de payer son prix. Donc il est déchu de la
faculté de délaisser ; l'art. 2172 le dit formellement.

Après ces explications, il est facile de concilier
l'adoption de la première opinion avec ces diverses
décisions qui, pour moi, ne touchent aucunement la
forclusion pour expiration de délai, mais bien la déchéance.

Il est admis par la deuxième opinion, qui proclame
la nullité du délaissement fait après le commencement
des poursuites, que cette nullité ne saurait être prononcée d'office par les tribunaux, ni dans l'intérêt
du créancier poursuivant lorsque celui-ci a déclaré
l'accepter, ni dans l'intérêt des créanciers inscrits
non contestants (Aix, 18 juin 1840). Cette déchéance
en effet qui n'est pas d'ordre public, ne peut être
invoquée que par les créanciers.

§ 2.

Formes du délaissement.

30. —Les conditions de capacité et de délai exigées
pour que le délaissement soit valable, sont remplies.

Dans quelle forme se fera le délaissement ? Le tiers détenteur fait sa déclaration au greffe du tribunal de la situation des biens, et il lui en est donné acte par ce tribunal.

Une expédition de cet acte de délaissement est levée et signifiée aux créanciers inscrits, et comme je vais l'expliquer plus loin, dénoncée au vendeur.

La demande en délaissement est introduite par un simple acte d'avoué à avoué, contenant les moyens et conclusions, comme en matière d'incident, art. 327 du Code de procédure civile. La procédure en délaissement est en effet un véritable incident de saisie immobilière et à ce titre elle doit être sommaire. (Code de procédure 718.)

Avenir est donné au plus prochain jour à cette audience. Ou bien les créanciers ne se présentent même pas pour contester, et il n'est pas besoin de faire recevoir le délaissement par un jugement : ce seraient des frais inutiles. Le créancier le plus diligent se pourvoit par simple requête afin de nomination d'un curateur sur lequel se poursuivra l'expropriation. La requête est communiquée au ministère public qui donne ses conclusions. Un juge fait son rapport et il intervient un jugement de la Chambre du conseil, qui nomme le curateur et donne en même temps acte du délaissement.

Ou bien les créanciers se présentent, et le délaissement est contesté, soit parce qu'il émane d'une personne incapable, soit parce qu'on soutient que le détenteur est obligé personnellement ; le créancier répond par un simple acte ; on va à l'audience et le tribunal statue. Par son jugement le tribunal donné d'abord acte du délaissement et nomme un curateur.

J'ai décidé plus haut que le vendeur avait un droit de contrôle sur la validité du délaissement, par cette raison qu'il n'est pas permis à un tiers détenteur de délaisser sans cause légitime, et de résilier ainsi de sa propre volonté un contrat synallagmatique. Je décide par suite que le vendeur peut former tierce opposition au jugement qui a déclaré le délaissement valable. Il en résulte que le vendeur doit être légalement averti par un acte du Palais, à lui notifié par l'acquéreur avant le jugement.

La procédure régularisée et le délaissement admis, c'est sur le curateur que la vente est poursuivie dans la forme prescrite pour l'expropriation (Code Napoléon 2174).

Toute expropriation doit être précédée d'un commandement fait au débiteur à personne ou domicile (2217 Code Napoléon et Code de procédure 673). Dans l'espèce il n'est pas douteux que celui auquel doit être fait commandement est le débiteur que le Code appelle originaire, et que nous appelons personnel. Ce n'est en effet, ni au tiers détenteur qui n'est pas débiteur, qui du reste est dessaisi et devenu ainsi étranger à toute poursuite ; ce n'est pas non plus au curateur, qui n'est aucunement débiteur, et qui n'est simplement, comme l'a dit M. Troplong, que le *plastron* de la poursuite en expropriation.

Il ne sera pas nécessaire de faire un nouveau commandement, si le commandement qui doit précéder, accompagner ou suivre la sommation, d'après l'art. 2169, n'est pas périmé ; que s'il est périmé, on en fera un second au débiteur ; que s'il n'a pas été fait en même temps que la sommation, comme l'ordre rationnel l'exige, il serait indispensable de faire le commandement au débiteur : c'est le premier acte de la procédure en expropriation.

On s'est demandé si le débiteur, une fois averti par le commandement, devait rester dans la procédure : c'est complètement inutile. N'étant plus propriétaire, l'expropriation ne le regarde pas.

SECTION TROISIÈME.

Des effets du délaissement hypothécaire.

37. — L'objet du délaissement est de soustraire le tiers détenteur, au moyen de l'abandon qu'il fait de l'immeuble aux poursuites des créanciers hypothécaires. Il dépouille ainsi sa qualité d'acquéreur. Mais, comme je l'ai dit plus haut, le délaissement n'est que l'abandon de la possession de l'immeuble. Tant que l'adjudication n'a pas eu lieu, la propriété continue à résider sur la tête du tiers détenteur. (Art. 2173 C. N.)

De ce principe découlent plusieurs conséquences importantes.

38. — L'immeuble vient-il à périr par cas fortuit entre le délaissement et l'adjudication, pour qui périt-il ?

Les opinions sont partagées. Les uns veulent (et je suis de cet avis) par application du principe que j'ai posé, que l'immeuble périsse pour l'acquéreur ;

res perit domino. Il n'aura aucun recours en garantie à exercer contre son vendeur pour le cas de force majeure. C'est ici une application de l'art. 1138, C. N.

Dès qu'il y a vente, la propriété est transférée sur la tête de l'acquéreur, et par conséquent l'acquéreur jouit de tous les avantages, comme il supporte tous les inconvénients de sa propriété.

D'autres, mais ils sont en minorité, prétendent que cet immeuble, n'étant plus sous la garde du tiers détenteur, il n'a plus à s'en occuper; car, une fois le délaissement opéré, il est étranger à l'immeuble sauf le droit de reprise que lui reconnaît l'art. 2173; mais ici il n'use pas de cette faculté, et dès lors il n'a pas à supporter un cas fortuit. C'est une erreur; car si l'on relit les art. 2173 et suivants du Code Napoléon, on voit que la qualité de propriétaire du tiers détenteur sur l'immeuble délaissé n'est pas subordonnée à la reprise de l'immeuble : quel que soit le parti qu'il prenne, le tiers détenteur est propriétaire jusqu'à l'adjudication. Dès lors, cette qualité de propriétaire entraîne pour lui l'application de l'art. 1138, sans que nous ayons à la subordonner à des faits et circonstances particulières : c'est au point de vue de l'espèce où nous plaçons un principe absolu.

Ce qui prouve combien peu le tiers détenteur est étranger à l'immeuble délaissé même avant l'adjudication, c'est que, la vente consommée, il a le droit en sa qualité de propriétaire de percevoir ce qui reste du prix nouveau après le désintéressement intégral des créanciers hypothécaires du vendeur.

L'art. 2177 nous dit : « les créanciers personnels du délaissant après tous ceux qui sont inscrits sur les précédents propriétaires, exercent leur hypothèque à leur rang, sur le bien délaissé ou adjugé. »

Ce qui prouve encore que la deuxième opinion est erronée, c'est que la loi de frimaire an VII ne s'applique pas au délaissement. Cette loi ne considère pas le délaissement comme une mutation puisqu'elle ne perçoit pas un droit proportionnel, mais seulement un droit fixe de 5 francs (art. 68, § 4, n° 1).

Le délaissement est effectué par l'acquéreur; les créanciers y renoncent. Le même acquéreur peut-il se dispenser de reprendre l'immeuble, et le laisser au vendeur, malgré la volonté de ce dernier?

Le délaissement est irrévocable, disent les uns, le tiers détenteur ne peut être contraint à conserver l'immeuble, bien que les créanciers inscrits se désistent de leurs poursuites, et que le vendeur offre une garantie suffisante à raison des inscriptions qui grèvent l'immeuble (Arrêt de la Cour de Riom, du 17 avril 1820).

L'arrêt de la Cour de Riom disait : que le délaissement avait tout consommé entre le tiers détenteur et son vendeur; qu'une fois sorti de ses mains, il ne pouvait être forcé à reprendre un immeuble qui serait pour lui la source d'une longue involution de procédure; « attendu, disait en finissant l'arrêt de la Cour » de Riom, le principe consigné dans les art. 2168 et » 2172 du C. N., que l'acquéreur qui n'a pas con- » tracté d'obligation personnelle, a toujours la faculté » de délaisser les objets acquis, sur des sommations

» hypothécaires à lui faites; lequel cas est arrivé:
» que le délaissement par hypothèque une fois fait,
» tout est consommé à l'égard du tiers détenteur qui
» a fait ce délaissement, sauf aux parties intéressées
» à provoquer une nomination de curateur au délais-
» sement, par hypothèque, conformément à l'ar-
» ticle 2174 du C. N. »

Dans l'espèce que nous venons de signaler, les acquéreurs n'avaient qu'un but, déguiser sous le délaissement, le moyen de résilier un contrat dont ils
étaient mécontents.

En droit, l'arrêt de la Cour de Riom est une hérésie.

Le délaissement, comme je l'ai démontré, est une
faculté accordée au tiers détenteur de se soustraire
aux poursuites des créanciers hypothécaires.

38 *bis*. — Du moment qu'il n'y a plus à redouter
les ennuis de la poursuite, puisqu'il n'y a plus de
créanciers hypothécaires, nous nous trouvons en
présence du contrat de vente qui lie l'acquéreur au
vendeur et réciproquement. D'où il suit que l'acquéreur ne peut se refuser à reprendre la chose, ce
serait le moyen de résilier seul un contrat synallagmatique.

Au surplus, comment peut-on concevoir, à un
autre point de vue, que le tiers détenteur se refuse à
reprendre l'immeuble, alors que les choses sont en-
tières, n'y ayant pas eu d'adjudication; alors que
l'immeuble est la propriété de l'acquéreur et qu'il n'a
jamais cessé de l'être? Loyseau nous dit avec raison
que le débiteur originaire qui paie les créanciers

poursuivants, fait casser et révoquer le délaissement et contraindre l'acquéreur de reprendre l'héritage.

38 *ter*. — De ce principe que, jusqu'à l'adjudication, le délaissant reste propriétaire, il y a une autre conséquence que le législateur a lui-même formulée dans l'art. 2173 : « Le délaissement n'empêche pas » que, jusqu'à l'adjudication, le tiers détenteur peut » reprendre l'immeuble en payant toute la dette et » les frais. »

Cette décision s'explique naturellement. Le délaissement ne dessaisit pas l'acquéreur de la propriété, il ne fait en quelque sorte que la remettre en gage aux mains des créanciers qui tiennent ainsi leur garantie. Le gage rentre en la possession du débiteur, lorsque ce dernier a éteint par le paiement l'obligation principale et enlevé ainsi la raison du délaissement qui est un moyen pour les créanciers d'arriver par la réalisation du gage à la satisfaction de leurs droits.

Il est entendu que pour reprendre l'immeuble, le tiers détenteur est soumis à désintéresser intégralement les créanciers ; et il doit payer tous les intérêts et capitaux exigibles, à quelque somme qu'ils puissent monter ; sans aucune réserve (art. 2168). Pour les dettes non exigibles, il jouit des termes et délais accordés au débiteur originaire. Remarquons que cette soumission au paiement intégral est obligatoire dans tous les cas. On a prétendu le contraire dans l'espèce suivante. Le délaissement d'un immeuble avait été effectué régulièrement par le tuteur au nom d'un mineur. Plus tard, le tuteur voulait reprendre l'immeuble sans payer. le montant des créances hypothécaires et de leurs accessoires.

La loi ne distingue pas, il n'y a donc pas d'exception pour les mineurs et il ne pouvait y en avoir ; une fois que les formalités protectrices sont remplies, les mineurs sont comme les majeurs, soumis à l'art. 2173 et à toutes les obligations qu'il impose (Rennes, 31 juillet 1854. — Req., 2 avril 1855).

Dans le même ordre d'idées, il a été décidé avec raison que le tiers détenteur ne pourrait pas user de la faculté de l'art. 2173, en consignant seulement le montant de la somme due au créancier qui a exercé des poursuites.

Le délaissement profite à tous les créanciers inscrits ; ce que décide implicitement l'art. 2173, en déclarant que pour reprendre l'immeuble, il faut payer toute la dette.

Mais nous n'allons pas jusqu'à dire que, dans l'espèce, le tiers détenteur est tenu de payer avec la créance inscrite les dommages-intérêts encourus par le débiteur postérieurement à l'acquisition du tiers détenteur.

Des dommages-intérêts qui ont une cause postérieure à l'aliénation faite par le débiteur qui les a encourus, doivent être supportés personnellement par le débiteur ; ils ne peuvent former l'accessoire d'une obligation principale, de laquelle ils ne découlent pas, à laquelle ils ne se rattachent par aucun lien intime. Au surplus une doctrine contraire, comme dit la Cour de cassation dans son arrêt de rejet du 16 mai 1863, serait funeste au tiers détenteur, puisqu'elle aurait pour effet d'ajouter à l'hypothèque primitive, une créance dont le principe n'est pas prévu dans ce titre, dont la naissance est éventuelle et dont l'étendue est indéterminée.

39. — Lorsque le tiers détenteur use du droit de reprendre l'immeuble que lui accorde l'art. 2173, il devient débiteur personnel des créanciers.

De ce principe, les auteurs et la jurisprudence ont déduit de nombreuses conséquences.

Le tiers détenteur se subroge en quelque sorte aux lieu et place du débiteur originaire, et se fait agréer par les créanciers hypothécaires. Il rentre ainsi dans la catégorie des débiteurs ordinaires, dont tous les biens sont le gage des créanciers, art. 2092. Il pourra donc pour le paiement de cette obligation être poursuivi sur tous ses biens. Remarquez que le tiers détenteur a contracté comme tout autre débiteur, et que la seule sanction du non-paiement par lui de la créance offerte, est, non pas la déchéance du droit de reprendre l'immeuble, cette déchéance n'est écrite nulle part, mais seulement la poursuite et l'expropriation qui l'accompagne. On doit en un mot agir contre lui par les voies ordinaires, s'il est en retard de payer, comme on agirait contre tout autre débiteur.

De ce que le tiers détenteur, en reprenant le bien, est devenu débiteur personnel, il résulte en outre que l'inscription est inutile à son égard; l'inscription est exigée pour l'exercice du droit de suite; le droit de suite suppose un tiers détenteur, et dans l'espèce il n'y en a plus.

Cependant, lorsque l'acquéreur a régulièrement

opéré le délaissement d'un immeuble, bien qu'il soit
toujours propriétaire et qu'il puisse reprendre le
bien, il n'a pas qualité pour demander la nullité de la
vente qui aurait pu être faite, et revendiquer l'immeuble, si par exemple la vente a été faite non par
un curateur, selon les formes prescrites par l'art. 2174,
C. Nap., mais à l'amiable et par le vendeur originaire, agissant comme s'il en était redevenu propriétaire. Il semble qu'il y ait contradiction entre son
droit de propriété et sa non-recevabilité à attaquer la
nullité de la vente de l'immeuble délaissé. Non, car
il s'est dessaisi par l'abandon de la possession, et ce
dessaisissement a été complété par la vente : peu lui
importe au surplus de critiquer la vente. Il n'y a là
aucun intérêt pour lui, à moins que, se conformant à
l'art. 2174, il veuille rentrer dans la possession du
bien, en exécutant les conditions du contrat d'acquisition et en désintéressant intégralement les créanciers hypothécaires. User de cette faculté de reprise,
tel est le seul droit que la loi reconnaît au tiers détenteur après le délaissement.

TROISIÈME PARTIE

PAIEMENT TOTAL OU PARTIEL DE LA DETTE.

40. — L'expropriation ou le délaissement qui y
conduit peut être évité ; le tiers détenteur conserve
l'immeuble en payant la dette, ou bien en totalité, ou
bien en partie.

Les devoirs et les droits du tiers détenteur qui opte

pour le payement de la dette hypothécaire, sont indiqués par les art. 2167 et 2168.

« Si le tiers détenteur ne remplit pas les forma-
» lités ci-après établies pour purger sa propriété, il
» demeure, par l'effet seul des inscriptions, obligé
» comme détenteur à toutes les dettes hypothécaires,
» et jouit des termes et délais accordés au débiteur
» originaire. »

J'ai déjà signalé ce qu'il y a d'erroné dans cet article. J'ai démontré que le tiers détenteur n'était tenu que *propter rem;* qu'en conséquence il n'avait aucune obligation personnelle envers le créancier auquel aucun lien ne le rattachait; que s'il avait quelque obligation envers lui, c'était à cause de l'immeuble, et que par l'abandon de l'immeuble il s'affranchissait de toute charge.

Art. 2168. « Le tiers détenteur est tenu dans le
» même cas, ou de payer tous les intérêts et capitaux
» exigibles, à quelque somme qu'ils puissent monter,
» ou de délaisser l'immeuble hypothéqué sans aucune
» réserve. »

Il y a dans cet article une erreur que j'ai également signalée plus haut. La véritable conclusion hypothécaire, ai-je dit, est l'abandon de l'immeuble. Comme dans toute obligation réelle, la poursuite est dirigée non contre la personne, mais contre la chose. Le paiement n'étant qu'*in facultate solutionis;* il n'y a pas même là une obligation alternative; le paiement est une espèce d'exception au délaissement.

41. — Remarquons sur l'art. 2167, que ces mots : « *par le seul effet des inscriptions,* » sont la preuve

évidente de l'abolition de l'action en déclaration d'hypothèques, adoptée par l'ancienne jurisprudence. Aujourd'hui que les hypothèques sont spéciales et publiques, il n'y a pas de formalités précédant la poursuite ; l'expropriation s'engage directement par la sommation et le commandement.

Autrefois, les hypothèques n'avaient pas le même caractère, elles étaient générales et occultes. Or, avant d'agir et pour agir par la voie exécutoire, il fallait nécessairement une déclaration publique de l'existence de l'hypothèque. Le même jugement déclarait l'immeuble hypothéqué à la créance et condamnait le détenteur à délaisser l'immeuble pour être saisi et adjugé par décret au dernier enchérisseur.

Aujourd'hui, l'action en déclaration d'hypothèque se trouve nécessairement abolie, en tant qu'elle aurait pour effet de faire condamner le détenteur au paiement de la créance privilégiée et hypothéquée. Néanmoins, il est admis généralement que, lorsque l'action en déclaration d'hypothèque n'a que le but d'interrompre la prescription, elle est valable.

Les créances sont-elles conditionnelles ou inexigibles ? Cette action a une utilité évidente.

Remarquons qu'elle diffère essentiellement de l'action hypothécaire. Elle ne tend pas comme cette dernière au délaissement ; elle a pour but seulement de faire déclarer l'héritage hypothéqué.

Aussi peut-elle être intentée quoique la dette ne soit pas exigible. On ne peut lui opposer le bénéfice de discussion et d'autres exceptions.

§ 1er.

Devoirs du tiers détenteur qui paie.

42. — Les art. 2167 et 2168 obligent le tiers détenteur qui veut conserver l'immeuble, d'acquitter la totalité de la dette hypothécaire, en ce sens qu'il doit capital, dépens, frais et intérêts, et généralement tous accessoires quelconques qui ont rang d'hypothèques sur l'immeuble dès avant l'aliénation. Si l'art. 2168 ne parle que des intérêts et capitaux, et passe sous silence dépens et frais, il faut compléter cet article par le précédent. Ll'art. 2167 pose nettement la règle en disant : le tiers détenteur doit payer toutes les dettes hypothécaires.

Peu importe au reste que le tiers détenteur ne possède qu'une fraction de l'immeuble. Nous savons qu'un des caractères de l'hypothèque et du privilége, c'est d'être indivisible activement et passivement. Ces droits subsistent en entier et avec tous leurs effets sur tous les immeubles affectés, sur chacun et sur chaque portion de l'immeuble.

Peu importe en outre, que la valeur de l'immeuble dont le tiers détenteur est en possession, soit inférieure au montant de la dette hypothécaire. L'art. 2167 lui trace son devoir net, précis. Il doit payer la totalité des dettes.

Le tiers possesseur ne peut donc s'exempter de la poursuite hypothécaire en offrant la valeur de l'immeuble possédé. S'il ne veut que payer cette valeur, il peut purger et affranchir ainsi l'immeuble par le paiement de son prix d'achat. Du moment qu'il opte pour le paiement, le paiement doit être intégral.

12 *bis*. — Le tiers détenteur est-il soumis à payer tous les intérêts sans réserve, ou bien doit-il seulement ceux qui, dans les termes de l'art. 2151, sont conservés par l'inscription ?

La question est controversée. Des auteurs soutiennent que l'art. 2151 dispose seulement pour les créanciers entre eux et au point de vue du droit de préférence.

En effet, disent-ils, l'art. 2151 est placé sous une rubrique qui précède le droit de suite.

Du reste, le tiers détenteur qui paie la totalité de la dette, se met en quelque sorte aux lieu et place du débiteur. Donc, il doit comme le débiteur lui-même, acquitter tous les intérêts qui ne sont que l'accessoire de la dette. C'est ainsi qu'ont raisonné MM. Persil et Grenier. C'est ce qu'a jugé un arrêt de la Cour de Bruxelles, du 4 août 1806.

Le premier argument ne peut avoir d'influence, puisque l'art. 2151 est placé sous la rubrique de l'inscription, entre la réglementation du droit de préférence et celle du droit de suite, et qu'il les régit tous deux.

En second lieu, c'est une erreur de dire que le tiers détenteur emprunte en quelque sorte la personnalité du débiteur pour le paiement dont s'agit. Le tiers détenteur ne paie que comme bien tenant et non comme obligé personnel.

Au surplus il est constant que la publicité est la base de notre système hypothécaire, et que cette publicité est requise aussi bien pour le droit de suite que pour le droit de préférence ; je dirai même plus sévèrement pour le droit de suite, car pour l'exercer, *toute espèce d'hypothèque* a besoin d'être inscrite.

La preuve de la nécessité de cette inscription se trouve dans l'art. 2166, où il est dit : « Les créanciers ayant *hypothèque inscrite* sur un immeuble, » etc., et dans l'art. 2167, d'après lequel le tiers détenteur qui ne remplit pas les formalités établies pour la purge de la propriété, demeure par *l'effet seul des inscriptions* obligé à toutes les dettes.

Donc les intérêts non inscrits, comme les hypothèques non inscrites, sont à l'égard du tiers détenteur comme s'ils n'existaient pas. Ils doivent tomber dans la masse chirographaire, et l'on ne comprendrait pas qu'ils fussent en même temps chirographaires par rapport aux créanciers, et hypothécaires par rapport au tiers détenteur; cette distinction qui accorderait droit de suite à celui qui n'aurait aucun droit de préférence, entraînerait les plus étranges anomalies.

L'art. 2168, objecterait-on en vain, ajoute que le tiers détenteur dans le cas de l'art. 2167 *in fine* est tenu ou de payer tous les intérêts et capitaux exigibles ou de délaisser l'immeuble hypothéqué; ces expressions ne peuvent s'entendre, conformément aux articles qui précèdent que des intérêts et capitaux inscrits sur l'immeuble.

C'est en ce sens qu'a jugé un arrêt de la Cour de Bordeaux du 28 février 1850.

§ 2.

Droits et rapports du tiers détenteur qui paie avec le débiteur, les cautions et les autres tiers détenteurs.

Nous avons parlé des devoirs du tiers détenteur qui veut payer ; parlons un peu de ses droits.

43. — Nous avons vu au début de cette étude que le tiers détenteur jouissait des termes et délais du débiteur personnel. Nous avons vu également que pour savoir s'il était déchu du terme on considérait non sa personne, mais celle du débiteur.

44. — Nous supposons maintenant que le tiers détenteur a acquitté le montant des créances inscrites. Il est subrogé de plein droit aux créanciers désintéressés, d'après le 3° de l'art. 1251 du C. Napoléon. Dans l'espèce il était en effet tenu pour d'autres, soit pour le débiteur, à la place duquel il acquitte comme bien tenant, et avec d'autres, soit avec les cautions et les autres tiers détenteurs, qu'il affranchit d'une charge qui leur incombait comme à lui.

M. Grenier fait justement observer que le tiers détenteur qui a pour lui une subrogation conventionnelle ou une subrogation légale doit prendre une précaution importante. Il ne doit pas de suite faire radier les inscriptions prises par le créancier qu'il paie. Il doit avant tout faire mentionner en marge la quittance subrogative ; de cette façon la radiation n'aura lieu qu'avec son concours.

D'une part, le tiers détenteur dans l'espèce est subrogé non-seulement sur l'immeuble libéré, mais encore sur tous autres immeubles affectés à la créance.

D'autre part, il est subrogé et contre le débiteur personnel et les cautions, et contre tous autres détenteurs, comme lui, de biens soumis à l'hypothèque.

Il a même été décidé par un arrêt de la Cour de Toulouse du 19 février 1827, que le tiers détenteur qui s'est libéré sans purger, s'il est poursuivi par un créancier inscrit, peut, avant d'avoir payé ce créancier, et conséquemment avant d'être subrogé à ses droits, demander contre les tiers détenteurs d'autres immeubles également soumis à l'hypothèque du créancier poursuivant, la fixation de la part contributive de chacun au paiement de la créance hypothécaire.

La raison de ceci, dit Troplong, t. 3, nº 788 ter, est que, lorsque le tiers détenteur qui a payé, agit contre les autres détenteurs de biens hypothéqués, il ne peut pas les rechercher pour le total, mais seulement au prorata de ce que chacun d'eux et lui-même possèdent d'héritages hypothéqués à la dette ; autrement il se ferait un circuit d'actions.

15. — Lorsque le tiers détenteur a désintéressé intégralement les créanciers, il est à l'abri de toute poursuite. Mais s'il n'affranchit l'immeuble que de l'hypothèque du poursuivant, il est exposé aux attaques des autres créanciers.

Dans tous les cas, pour arrêter les poursuites des créanciers, il ne peut arguer de l'infériorité de la valeur du bien au montant de sa créance.

Le résultat ne se révèle que par l'expropriation.

En cas de paiement partiel, si l'expropriation

aboutit, et que l'ordre s'ouvre, il se fait colloquer sur
le prix suivant le rang qu'avait le créancier désintéressé par lui, en vertu d'une subrogation légale en sa
faveur.

Peu importe qu'il y ait ou non délégation du prix.
Peu importe aussi que le prix soit ou non payé au
vendeur. Dans l'un ou l'autre cas, il peut invoquer
soit le 2°, soit le 3° de l'art. 1251, quoique le 2° semble
laisser supposer que cette subrogation légale n'aurait
pas lieu, si le tiers détenteur avait déjà payé à son
vendeur le prix de son acquisition. J'ajoute que dans
l'espèce le tiers détenteur doit être traité encore plus
favorablement, car sa position est plus critique.

Ainsi, pour se libérer, le tiers détenteur doit acquitter le montant intégral des créances. Il y a alors
un affranchissement de l'immeuble et une subrogation en sa faveur. — S'il ne paie que partiellement,
il ne peut arrêter les poursuites des créanciers ; seulement, grâce à la subrogation, il se fait colloquer
dans l'ordre par préférence.

CHAPITRE III

RÈGLES COMMUNES AUX DIFFÉRENTS PARTIS PRIS PAR LE TIERS DÉTENTEUR.

46. — Nous avons examiné en détail les règles
spéciales, relatives aux différents partis que peut
prendre le tiers détenteur ; nous allons grouper dans
ce chapitre des règles qui tantôt ont trait au délaissement et à l'expropriation ; tantôt à ces deux partis,
à la fois et en outre au paiement de la dette hypothécaire. Nous compléterons de cette façon la pein-

ture de la situation du tiers détenteur en présence des créanciers hypothécaires.

Ces règles, au nombre de quatre, sont relatives :

1° Aux détériorations que l'immeuble a pu éprouver, pendant qu'il était aux mains du tiers acquéreur, et aux améliorations et impenses qui ont pu lui donner une plus value.

2° Aux fruits de l'immeuble hypothéqué et à leur répartition entre les créanciers.

3° Aux servitudes et autres droits réels que le tiers détenteur avait sur l'immeuble avant sa possession et aux hypothèques qui ont pu être requises par ses créanciers personnels.

4° Enfin au recours en garantie ouvert au tiers détenteur contre le débiteur principal.

Les trois premières règles sont communes au cas où le tiers détenteur délaisse et à celui où il est exproprié. La dernière s'applique non-seulement à ces deux cas, mais encore à celui où le tiers se détermine, pour arrêter ou prévenir l'expropriation forcée, à payer la totalité de la dette hypothécaire. Nous allons les examiner successivement.

SECTION Ire.

Règle relative au réglement de l'indemnité pour détériorations.

47. — Art. 2175. « Les détériorations qui procè-
» dent du fait ou de la négligence du tiers détenteur
» au préjudice des créanciers hypothécaires ou pri-

» vilégiés donnent lieu à une action en indemnité,
» mais il ne peut répéter ses impenses et améliora-
» tions que jusqu'à concurrence de la plus value ré-
» sultant de l'amélioration. » Je n'étudierai sous ce
paragraphe que la première partie de l'article, relative au recours des créanciers contre le tiers détenteur.

Bien que le tiers détenteur soit propriétaire du
fonds jusqu'à l'adjudication, il n'a pas, comme un
propriétaire ordinaire, un pouvoir absolu sur l'immeuble; car il détient le gage des tiers. Or, si le
tiers détenteur commet des détériorations, soit par
son fait, soit par sa négligence, il cause un préjudice
aux créanciers, il diminue ainsi la valeur du bien,
et par là même les chances de paiement. Il doit donc
réparer ce dommage, en complétant la valeur que
l'immeuble aurait encore, s'il eût été conservé dans
son ancien état.

L'art. 2175 n'est au surplus que l'application du
principe posé par notre Code dans l'art. 1382. —
« Tout fait quelconque de l'homme, dit l'art. 1382,
» qui cause à autrui un dommage, oblige celui par la
» faute duquel il est arrivé à le réparer. » Ces principes tiennent ici en échec la disposition de l'art. 544,
qui proclame le droit absolu du propriétaire sur sa
chose.

48. — Je rangerai parmi les détériorations la démolition d'une maison hypothéquée. Il y a là une diminution du gage, en conséquence une réparation à
fournir. C'est en vain que pour combattre cette doc-

trine, l'on nous opposerait un arrêt de la Cour de Cassation, du 9 août 1825.

La Cour y décide que le tiers détenteur qui avait démoli, n'avait dans l'espèce aucune indemnité à donner. Cette décision a été entraînée, non point par l'application de principes de droit], mais par des considérations de fait. Dans l'espèce soumise, le tiers détenteur avait acheté séparément la maison pour la démolir, et l'avait vendue au vu et su des créanciers. Il n'y avait pas là un véritable tiers détenteur, puisqu'il avait acheté plutôt des choses mobilières; en tous cas, il y avait bonne foi de sa part, et enfin cette destruction n'était pas du fait de l'acquéreur, puisque telle était la condition de son marché. Il n'avait pas été libre de démolir ou de ne pas démolir.

Parmi les détériorations, ne seront pas rangées les coupes de bois et de hautes futaies mises en coupes réglées, puisque ces coupes sont placées au nombre des fruits (art. 590), et que les fruits ne sont dus que du jour de la sommation de délaisser, si mieux il n'aime payer.

19. — Mais, en ce qui concerne les hautes futaies non aménagées, la question est controversée. M. Troplong soutient qu'il n'y a pas là détérioration, et partant pas d'indemnité. « Une futaie, dit-il, n'est pas comme une maison; elle est destinée tôt ou tard à être coupée, au lieu qu'une maison est faite pour rester debout. Si donc le propriétaire fait couper la futaie sans fraude, pour ses besoins et à l'époque favorable pour cela, je ne crois pas que ce soit là une *dégradation* : c'est l'usage légitime d'un droit, c'est

remplir la destination naturelle d'une futaie; les créanciers doivent s'imputer de s'être contentés d'un gage si fragile. » (*Traité des hypothèques*, t. III, n° 834.)

M. Troplong commet une erreur en disant que les futaies non réglées sont destinées à être coupées. Non, elles sont là à perpétuité ; comme, par exemple, les arbres d'un parc antique, le propriétaire les conserve pour l'ornement et l'agrément de la propriété. Qu'il abatte quelques arbres, parce qu'il a besoin de quelques morceaux de charpente, ou parce que les arbres tombent de vétusté, il n'y aura pas lieu à l'action en indemnité ; le propriétaire n'a fait là qu'un acte d'administration. Mais autre chose est une coupe totale faite dans un but de spéculation et sortant des limites du droit d'un tiers détenteur.

La véritable théorie à appliquer sur l'espèce que nous examinons, c'est celle de l'article 592. L'usufruitier, nous dit cet article, ne peut toucher aux arbres de haute futaie ; il peut seulement employer, pour faire les réparations dont il est tenu, les arbres arrachés ou brisés par accident ; il peut même pour cet objet en faire abattre, s'il est nécessaire, mais à la charge d'en faire constater la nécessité avec le propriétaire.

Au surplus cette théorie a pour elle l'autorité de l'ancienne jurisprudence :

« Il fut jugé, dit Basnage, le 10 avril 1653, que
» celui qui avait acheté des bois de haute futaie était
» tenu de bailler caution aux créanciers hypothécaires
» du prix des bois qu'il faisait abattre, parce que la

» valeur du fonds hypothéqué était diminuée par cette
» valeur. »

A quelle époque les dégradations doivent-elles être
commises pour qu'il y ait lieu à l'indemnité? Les
dégradations sont-elles dues seulement quand elles
ont été faites après la sommation du créancier?

Dans l'ancien droit, l'indemnité n'était due que du
jour de la demande en déclaration d'hypothèque.

Loyseau dit : « Depuis que le tiers détenteur a esté
» adjourné pour passer titre nouvel de la rente, ou
» que l'on a conclu contre lui en action hypothécaire
» à délaisser l'héritage ou à payer la rente, il ne peut
» plus toucher à l'héritage au préjudice du créancier
» auquel il est plus particulièrement affecté au moyen
» de cette poursuite; il faut, après la condamnation
» qu'il le délaisse tel qu'il était lors de la demande. »

La décision de l'ancienne jurisprudence n'est pas
admissible dans notre droit.

La législation a changé, et au point de vue qui nous
occupe le régime hypothécaire n'est plus le même.

Dans l'ancienne jurisprudence la clandestinité des
hypothèques justifiait et expliquait ces décisions,
mais ce système a fait place à celui de la publicité,
que le législateur essaie chaque jour d'étendre ;
aujourd'hui, par l'acquisition d'un immeuble hypothéqué, le tiers détenteur est constitué gardien du
gage. Aussi doit-il y veiller et surtout n'apporter
aucune diminution à sa valeur, sans quoi il y aurait
dommage, et tout dommage appelle une réparation.

En un mot l'inscription est chez nous la mise en
demeure. On achète en connaissance de cause, on

sait donc à quelles règles on se soumet ; le tiers détenteur sait en achetant qu'il a entre les mains un gage et qu'il ne peut en user que, *salvo jure tertii*.

L'on ne pourrait donc plus dire aujourd'hui, comme autrefois avec Loyseau, que le tiers détenteur a acquis « sans savoir qu'un autre prétendist droit, » ou que, depuis l'assignation, « l'héritage est plus particulièrement affecté. »

Ce qui nous conduit à décider que l'inscription suffit pour soumettre le tiers détenteur à une indemnité, ce sont les termes de la loi dans l'art. 2175 au *préjudice des créanciers hypothécaires ou privilégiés;* il n'y a pas là de distinction comme dans l'ancienne jurisprudence. Il est évident que les dégradations ayant été commises postérieurement à l'inscription, elles ne peuvent l'avoir été qu'au préjudice du créancier. Dans l'espèce, le créancier a le droit de demander les dommages-intérêts directement au tiers détenteur, sous réserve pour ce dernier de tous recours contre le vendeur.

On pourrait se demander si les dégradations, commises entre l'acte constitutif d'hypothèque et l'inscription, qui tournent cependant au préjudice des créanciers, ne sont pas soumises à une réparation.

Il y a sans doute lieu à une indemnité ; mais dans ce cas le créancier ne peut attaquer directement le tiers détenteur. Il intente contre le débiteur, responsable du fait de son acquéreur, une demande en dommages-intérêts pour réparation du préjudice. Il peut même demander le remboursement de sa créance, attendu l'insuffisance de l'hypothèque, qui serait constatée, ou bien un supplément d'hypothèque.

Ce qui vient d'être dit pourrait-il être appliqué aux hypothèques légales des femmes et des mineurs qui sont affranchis de l'inscription? Pour ces hypothèques il pourrait ne pas y avoir eu d'inscription avant les dégradations. Il semble que dans ce cas, puisqu'il y a clandestinité, on doit décider comme dans l'ancienne jurisprudence. Ce serait une erreur.

Le système du Code civil tout entier laisse au tiers détenteur le soin de les prévoir ou de les connaître. S'il ne connaît pas ces hypothèques, qu'il en provoque la manifestation par la purge légale.

Disons enfin que le tiers détenteur qui ne veut pas purger n'est pas favorable, et que sa position n'est plus la même que celle du tiers détenteur, lorsque l'hypothèque était occulte.

On sent, dit M. Grenier (*Traité des hypothèques*, t. II, II° partie, chap. 1°, section 1°, n° 338), qu'il en est de même des créanciers privilégiés, les priviléges devant être inscrits. Car, par rapport aux priviléges affranchis de l'inscription, ils sont ordinairement trop peu considérables pour donner lieu à de sérieuses difficultés, relativement à l'objet dont il s'agit.

50. — Le Code, en repoussant la distinction admise par l'ancienne jurisprudence, que nous venons d'expliquer, en a adopté une autre. On ne demandait compte au tiers détenteur que des détériorations provenant de sa faute ou de son fait. Le Code, dans l'art. 2175, a adopté ce système; les détériorations

doivent avoir en effet pour cause la négligence ou même le fait, sans faute imputable. Ainsi la dépréciation de l'immeuble résulte de démolitions faites en vue de travaux d'amélioration qui n'avaient pu être entrepris encore au jour du délaissement ou de l'expropriation, ou bien elle provient de ce que le tiers acquéreur n'a pas fait des travaux de réparation ou d'entretien, devenus nécessaires depuis son acquisition. L'action en indemnité est ouverte contre lui, et vainement il opposerait que, dans le premier cas du moins, aucune faute ne lui est imputable.

51. — L'action en indemnité, dont nous parle l'art. 2175, n'appartient qu'aux créanciers.

Lorsque la loi a réglé les rapports du vendeur et de l'acquéreur évincé, l'acquéreur, malgré les détériorations de l'immeuble, a droit à la totalité du prix sans retenue (art. 1631), parce que l'acquéreur a traité la chose comme sa propriété et qu'il devait agir ainsi : *rem qui suam neglexit, nulli querelæ subjectus est.*

En nous parlant ici de l'action en indemnité, la loi règle les rapports du tiers détenteur évincé avec les créanciers : c'est à ces derniers qu'appartient l'action en indemnité.

Parmi eux, seuls les créanciers hypothécaires ou privilégiés inscrits peuvent intenter l'action dont s'agit, parce que cette action est un accessoire, une conséquence du droit de suite, et que le droit de suite ne peut être exercé ni par les créanciers chirographaires, ni par les créanciers non inscrits. Enfin,

11

lorsque l'inscription n'a pas vivifié les créances hypothécaires, elles sont comme n'existant pas pour le tiers détenteur, et celui-ci ne peut leur causer un préjudice quelconque.

Même parmi les créanciers hypothécaires ou privilégiés inscrits, le bénéfice de l'action n'appartient qu'à celui des créanciers sur lequel les fonds ont manqué : L'indemnité en effet est la représentation de la différence en moins existant entre le prix d'adjudication, et le prix qu'on eût obtenu si l'immeuble n'eût pas été détérioré.

SECTION DEUXIÈME.

Regle relative aux fruits dus par le tiers détenteur.

52. — Art. 2176. « Les fruits de l'immeuble hypo-
» théqué ne sont dus par *le* tiers détenteur qu'à
» compter du jour de la sommation de payer ou de
» délaisser et, si les poursuites commencées ont été
» abandonnées pendant trois ans à compter de la
» nouvelle sommation qui sera faite. »

Cet article, comme dit Merlin (répertoire tiers détenteur), applique au tiers détenteur, relativement aux fruits, les principes établis par les art. 540 et 550 à l'égard des possesseurs de bonne foi.

Le tiers détenteur est propriétaire, bien que l'immeuble soit hypothéqué ; il peut donc croire que le débiteur personnel acquittera sa dette. Il est de bonne foi ; il fait ainsi les fruits siens. La sommation constitue le tiers détenteur de mauvaise foi. Il doit les fruits à partir de cet acte. Remarquons la différence du point de départ de la responsabilité dans l'art. 2175 et dans l'art. 2176 : dans le premier cas, c'est la propriété que l'on attaque; dans le deuxième, c'est la jouissance seulement. Ces deux décisions sont l'application de deux principes différents, l'un tiré de l'art. 1382, et l'autre des art. 549 et 550.

A ce sujet, pour savoir si les baux passés par le tiers détenteur sont valables, il s'agit d'examiner s'ils ont ou non date certaine : s'ils n'ont pas date certaine avant la sommation de délaisser ou de payer, ils peuvent être annulés ; mais ceux dont la date serait certaine dans le temps écoulé entre le commandement fait au débiteur et cette sommation devraient être maintenus.

Peu importe que le commandement ait été fait au débiteur personnel, tant que la sommation n'a pas été faite au tiers détenteur, seule mise en demeure vis-à-vis de ce dernier. C'est en ce sens qu'il faut interpréter l'art. 684 du Code de procédure civile.

C'était avant la loi de 1855 une question controversée que celle de savoir si les baux, de quelque durée qu'ils fussent, même lorsqu'ils avaient date certaine, pouvaient être maintenus, et si les cessions de loyers anticipées étaient valables. Beaucoup d'auteurs voyaient là une aliénation partielle semblable aux détériorations dont nous parle l'art. 2175. Aujourd'hui la question ne peut faire doute; art. 2°, — seront transcrits les baux d'une durée de plus de 18 ans ; 2° tout acte ou jugement, constatant, même pour bail de moindre durée, quittance ou cession d'une somme équivalente à trois années de loyers ou fermages non échus.

Le tiers détenteur doit compte direct des fruits civils ou naturels perçus depuis la sommation. Pour les fruits civils, il ne les doit que dans la proportion du nombre de jours qui se sont écoulés depuis cet acte. Il en est débiteur direct et il ne peut, pour garantie, subroger les créanciers hypothécaires dans ses droits contre les fermiers ou locataires. (Agen. 29 juin 1840.)

Le Code, dans cette première partie de l'art. 2176, a tranché la question, fort controversée dans l'ancienne jurisprudence, du point de départ de l'obligation en restitution des fruits.

Loyseau pensait que le tiers détenteur devait seulement les fruits depuis la contestation en cause; mais que, s'il délaissait sans contester, il n'était tenu d'aucun fruit. C'était aussi l'opinion d'Auzanet, de Favre, d'Henrys, et de Bretonnier.

Les partisans du système qui voulaient que les fruits perçus depuis l'assignation en déclaration d'hypothèques fussent dus, qu'il y eût ou non contestation, l'emportèrent un instant. Mais le premier système triompha, consacré par plusieurs arrêts.

Le Code au contraire a tranché la question contre Loyseau en faveur de la 2ᵉ opinion.

Dans la 2ᵉ partie de l'art. 2176 qui traite de la péremption, le Code a suivi l'avis général de l'ancienne jurisprudence.

Toutes les fois que le demandeur laisse s'écouler trois ans depuis son dernier acte de procédure, l'instance est éteinte. Le droit du demandeur lui reste tout entier, mais l'action en vertu de laquelle il le faisait mouvoir est morte pour le passé, sauf à revivre par de nouvelles formalités.

La péremption de l'art. 397 doit être demandée avant toute défense au fond; sinon, elle est couverte comme toute exception, et peu importe le laps de temps écoulé entre la dite sommation et le nouvel acte de procédure, lorsque les adversaires n'ont pas eu soin d'en argumenter. La péremption de l'art. 2176 en diffère en ce qu'elle a lieu de plein droit; du moment que les trois ans sont écoulés, les créanciers sont déchus du droit de répéter les fruits. Ainsi, si le créancier veut faire les fruits siens, qu'il continue les poursuites dans les trois ans, ou qu'il fasse une sommation nouvelle avant leur expiration.

53. — Les fruits dus par le tiers détenteur depuis la sommation sont-ils meubles, et doivent-ils être distribués au marc le franc entre tous les créanciers tant hypothécaires que chirographaires?

M. Tarrible (répert. de Merlin, tiers détent.) tient pour l'affirmative.

Il ne faut pas, dit-il, confondre les dispositions de l'art. 2176 avec celles de l'art. 682 du Code de procédure civile. Le 1er article règle les rapports des créanciers avec le tiers détenteur, et nous dit que, pour constituer ce dernier débiteur des fruits, il n'y a qu'une époque unique, la sommation. Quant aux rapports des créanciers entre eux, ils sont réglés par l'art. 682; cet article décide que les fruits seront immobilisés seulement à partir de la transcription de la saisie. Entre la sommation et la transcription dont s'agit, il s'écoulera quelques mois ; les fruits perçus dans cet intervalle, seront meubles, et le prix doit en être distribué par contribution au marc la livre, entre tous les créanciers, tant chirographaires qu'hypothécaires et privilégiés (Merlin, répert., tiers détent. 2013).

Cette opinion a contre elle la plupart des auteurs et la jurisprudence.

Il est évident que, si les fruits sont dus par le tiers détenteur en vertu de la sommation, c'est comme une conséquence du droit de suite qui s'exerce ; or le droit de suite ne peut s'exercer que sur des immeubles (art. 2119 du C. N.), ou sur des meubles immobilisés. Dans la première opinion, il s'exercerait sur des meubles : il faut donc que la sommation imprime aux meubles un caractère d'immobilisation, car l'art. 2170 n'a été fait que dans le but de régler le droit de suite quant aux meubles, le tiers détenteur ayant eu le droit de disposer des fruits comme propriétaire, jusqu'à la révélation par les créanciers de la volonté d'exercer leur droit de suite.

L'argument tiré de l'art. 682 du Code de procédure civile n'a dans l'espèce aucune portée. Cet article suppose que la poursuite est dirigée contre le débiteur lui-même, resté en possession, et sur lequel la saisie est pratiquée ; l'art. 2170 suppose l'expropriation réalisée sur le tiers détenteur ou un curateur. Or, la position est différente. Un débiteur n'est dessaisi de sa propriété et par conséquent le gage ne rentre dans les mains des créanciers, que par la transcription de la saisie (voir l'art. 691 du C. de proc.), ce n'est donc qu'à partir de cette époque qu'il perd les fruits qui deviennent un accessoire du gage et en prennent le caractère.

Au contraire, dans l'espèce, le dessaisissement a lieu par l'aliénation de l'immeuble et sa translation entre les mains du tiers détenteur. Si l'on appliquait les principes rigoureusement, on devrait immobiliser les fruits dès le jour du transfert; mais le législateur a pensé avec raison, qu'il fallait concilier la rigueur de ces principes avec les droits d'un propriétaire que rien n'a averti de l'exercice du droit de suite. La sommation suffit; quant à la dénonciation de la saisie ou sa transcription, peu importe dans le cas particulier.

Si les fruits étaient meubles dans cet intervalle, on devrait donc admettre les créanciers personnels du tiers détenteur à concourir sur le prix; mais ce serait là violer ouvertement tous les articles de notre section. Dans ces articles, le législateur entoure d'une protection spéciale les créanciers hypothécaires du débiteur au détriment des créanciers personnels du tiers détenteur, ceux-ci ne pouvant avoir de droit qu'après les premiers. Pour s'en convaincre, il suffit de lire l'art. 2177 du C. N. ainsi conçu : « Les » créanciers personnels du tiers détenteur, après » tous ceux qui sont inscrits sur les précédents pro- » priétaires, exercent leur hypothèque à leur rang » sur le bien délaissé ou adjugé. »

Ainsi en résumé les meubles dont s'agit ont été immobilisés par la sommation; à qui doivent-ils être distribués ? Ils ne seront distribués ni aux créanciers du tiers détenteur, quels qu'ils soient, ni aux créanciers chirographaires du débiteur. Cette immobilisation est en effet le résultat de l'exercice du droit de suite ; le droit de suite ne s'exerce que dans l'intérêt des créanciers hypothécaires, et cet intérêt se règle toujours d'après l'ordre des inscriptions. L'accessoire se distribue comme le principal.

Donc, seuls les créanciers hypothécaires inscrits du débiteur peuvent se faire colloquer sur le montant des fruits.

Il en est des intérêts du prix de vente, lorsqu'ils sont dus par l'acquéreur, comme des fruits ; ils sont dus et immobilisés à compter du jour de la sommation de payer ou de délaisser.

SECTION TROISIÈME.

Règle relative aux servitudes et droits réels du tiers détenteur sur l'immeuble. — Droits de ses créanciers personnels.

54. — Art. 2177. « Les servitudes et droits réels » que le tiers détenteur avait sur l'immeuble avant » sa possession, renaissent après le délaissement ou » après l'adjudication faite sur lui : — ses créanciers » personnels, après tous ceux qui sont inscrits sur » les précédents propriétaires, exercent leur hypo- » thèque à leur rang sur le bien délaissé. »

Les deux parties dont se compose cet article s'appuient sur des principes inconciliables entre eux : la renaissance des droits du tiers détenteur résulte d'une idée de rétroactivité absolue ; elle suppose que, l'immeuble une fois adjugé, le tiers détenteur n'a jamais été propriétaire, et qu'il n'est propriétaire d'aucune partie ; sans quoi, quelque modeste que fût son droit de propriété, il y aurait confusion, et la confusion empêcherait les droits du tiers détenteur de renaître.

Au contraire, le droit des créanciers hypothécaires du tiers détenteur à recueillir le prix de vente, après le désintéressement des créanciers du débiteur, exclut toute idée de rétroactivité quant à l'annulation du droit de propriété, et suppose nécessairement la survivance de ce droit au délaissement et à l'adjudication.

En un mot, la première partie suppose la rétroactivité et la deuxième l'exclut.

Cette antinomie se justifie. Lorsque le législateur a édicté la deuxième partie de l'article, il était dans la vérité juridique, car le tiers détenteur n'est dessaisi que par l'adjudication. En édictant la première, il la violait ; mais l'équité, sinon la rigueur des principes, exigeait que le tiers détenteur ne fût dépouillé de ses droits par un événement qu'il ne pouvait empêcher. Au surplus, les créanciers ne pouvaient se plaindre, puisque leur gage était tel qu'il était lors de la vente au tiers détenteur ; il n'a point de la sorte diminué entre ses mains.

Il existe une seconde antinomie, mais celle-ci n'est qu'apparente.

La loi, dans cet article, a marqué deux temps à chacun desquels les droits du tiers détenteur et ceux de ses créanciers peuvent être exercés ; savoir, après le délaissement ou après l'adjudication. Cette fixation disjonctive, dit M. Grenier, ne présente ni superfluité, ni contradiction.

Lorsque les droits renaissent après l'adjudication, leur résurrection est définitive, certaine : elle ne peut être brisée. Lors, au contraire, que la renaissance s'effectue après le délaissement et avant l'adjudication, cette renaissance n'est que provisoire, éphémère; elle peut disparaître devant la reprise de l'immeuble par le tiers détenteur; mais elle n'est pas inutile.

En effet, du délaissement à l'adjudication, il peut s'écouler un certain laps de temps, et dans cet intervalle les droits du tiers détenteur auraient pu péricliter, s'il n'avait eu le moyen de les faire mouvoir et de les exercer, au moins provisoirement, sauf lors de l'adjudication à asseoir toutes choses définitivement.

§ 1er. (PREMIÈRE PARTIE DE L'ART. 2177).

Renaissance des droits du tiers détenteur, après le délaissement ou l'adjudication.

55.—La première partie de notre art. 2177 fait revivre au profit du tiers détenteur les droits qu'il avait sur l'immeuble, notamment les servitudes actives. Par une juste réciprocité, si avant la détention par l'acquéreur de l'immeuble hypothéqué, quelques-uns de ses biens sont grevés envers cet immeuble de servi-

tudes, elles renaîtront au profit du nouvel acquéreur.

56. — Que devra-t-on décider si, pendant la
détention de l'acquéreur, son inscription se périme ?

Le tiers détenteur, disent les uns, est dispensé du
renouvellement, tant qu'il détient l'immeuble ; en
effet, *nemini res sua pignori esse potest*. Il serait
monstrueux qu'un créancier pût être astreint à
prendre inscription sur lui-même. Ne faudrait-il pas
au surplus appliquer dans l'espèce, la maxime : *contra non valentem agere, non currit prescriptio?*

En second lieu on invoque l'article 2177, qui déclare
que les servitudes et autres droits renaissent. Donc,
par analogie, le droit d'hypothèque du tiers détenteur et l'inscription qui lui donnait la vie, perdus
pendant un temps dans le droit de propriété, retrou-
vent l'existence, sitôt que ce droit de propriété est
remis en question.

Enfin l'équité, disent-ils, demanderait qu'on ne se
montrât pas trop sévère envers le créancier acquéreur. Il est le premier inscrit, et la plus grande
valeur de l'immeuble est encore de beaucoup inférieure à sa créance ; il a dû croire qu'il ne serait point
recherché par les autres créanciers ; il a ainsi négligé
de veiller à ce que son inscription fût exactement inscrite à chaque période de renouvellement.

L'hypothèque, protégée par le droit de propriété,
avait dormi, pour ainsi dire, pendant tout le temps
qu'a duré la possession du créancier acquéreur.
Aussitôt que cette hypothèque lui redevient néces-

saire pour se défendre contre l'exercice du droit de suite, tout le temps intermédiaire ne devrait-il pas s'effacer, et le créancier se présenter à l'ordre avec les mêmes droits qu'il avait au moment où il a réuni sur sa tête les qualités de débiteur et de créancier ?

Au premier argument on répond que, le créancier acquéreur de l'immeuble hypothéqué à sa créance, réunit sur sa tête deux qualités : l'une, celle de créancier hypothécaire, et l'autre celle d'acquéreur. La première le soumet aux obligations imposées à tous créanciers hypothécaires, et la deuxième à toutes les poursuites auxquelles sont exposés les tiers détenteurs. La réunion sur la même tête de ces deux qualités n'affranchit pas le créancier acquéreur des obligations imposées à chacune d'elles.

Dans l'espèce, le tiers acquéreur doit, d'une part, veiller à tout ce qui touche à sa créance, afin de la faire valoir, si son acquisition est annulée ; il doit s'y attendre puisque ne purgeant pas il est exposé à une dépossession. Il ne peut donc pas dire que : *nemini res sua pignori esse debet*, puisqu'il est propriétaire sous condition résolutoire, qu'il peut être censé n'avoir jamais été propriétaire; *resoluto jure dantis resolvitur jus accipientis.* — Il n'est pas en un mot, dans la position d'un propriétaire ferme, ne redoutant aucunement l'annulation de son droit. Or, le créancier conditionnel peut faire tous actes conservatoires, l'art. 1180 nous le dit, et l'inscription n'est qu'un acte conservatoire.

Il y a lieu d'autant moins d'affranchir de telles hypothèques de la nécessité de l'inscription, que nonseulement les hypothèques conventionnelles n'en sont dispensées par aucun texte de loi, mais qu'au contraire l'intention à les y soumettre résulte clairement du n° 4 de l'art. 2148 qui range parmi les formes de l'inscription l'évaluation des droits conditionnels aussi bien que des droits absolus.

Quant à l'invocation de la règle, *contra*, *etc.* il suffit de répondre, avec M. Troplong : « Le créancier » acquéreur pouvait renouveler son inscription sous » un double rapport, parce que la créance n'étant pas » *irrévocablement* éteinte, il y avait un débiteur sur la » tête duquel l'inscription pouvait être assise, de plus » parce que l'immeuble n'étant que conditionnellement » dégagé, il était susceptible d'inscription pour la » conservation d'un droit conditionnel. »

L'argument tiré de l'art. 2177 semble plus spécieux au premier abord. Mais il est évident que, lorsque la loi dans cet article nous dit que les droits réels renaissent, c'est à une condition : c'est qu'ils subsistent par eux-mêmes, ou bien que les formalités ordinaires qui les vivifient soient scrupuleusement remplies. La loi qui exige l'inscription comme formalité constitutive de l'hypothèque, ne pouvait en dispenser le tiers acquéreur dans l'espèce.

Cette inscription est imposée pour l'exercice du droit de préférence, comme pour celui de suite. Relisez l'art. 2166. Les créanciers ayant hypothèque *inscrite* le suivent en quelques mains qu'ils passent pour être colloqués et payés suivant l'ordre de leurs *inscriptions*. Sans inscription, il ne peut donc ni suivre l'immeuble, ni obtenir une collocation dans l'ordre.

Les considérations d'équité dans l'espèce, moins que dans toute autre, doivent faire fléchir la loi de l'inscription. Le législateur n'est pas favorable au tiers détenteur qui ne purge pas, et cela avec raison. En ne purgeant pas, il doit s'attendre à une expropriation; il doit donc veiller à la conservation de ses droits comme s'il était étranger à l'immeuble.

Ce qui nous confirme dans notre opinion, c'est que la question faisait doute dans l'ancienne jurisprudence et divisait les auteurs.

Pothier est de notre avis et dit (proc. civ., 4° partie, chap. 2, sect. 5, art. 14) : « La loi, qui oblige tous » ceux qui ont des hypothèques à s'opposer aux » décrets, et qui purge celles pour lesquelles il n'y » en aura pas eu de formées, est générale et ne » contient aucune exception en faveur de l'acquéreur » qui fait décret sur lui pour les créances hypothé- » caires qu'il peut avoir contre son vendeur. »

Cette opinion a d'autant plus de poids qu'elle se manifestait sous une législation où régnait la clan- destinité, et dans laquelle, en conséquence, on aurait dû être moins rigoureux pour la révélation des droits hypothécaires que sous notre législation où la publi- cité est exigée.

§ 2. — DEUXIÈME PARTIE DE L'ART. 2177.

Droits des créanciers personnels du tiers détenteur sur l'immeuble hypothéqué.

57. — Le tiers détenteur est propriétaire, quoique sa propriété soit menacée. Il peut donc, comme tout

propriétaire, hypothéquer son bien. Quel sera le sort de cette hypothèque si le tiers détenteur vient à être dépouillé de l'immeuble par suite de l'expropriation?

L'art. 2177 nous dit : « Les créanciers personnels » du tiers détenteur, après tous ceux qui sont inscrits » sur les précédents propriétaires, exercent leur hypo- » thèque à leur rang sur le bien délaissé ou adjugé. »

Sous l'empire du Code, la question ne pouvait faire doute : le consentement à lui seul transférait la propriété, non-seulement entre les parties, mais à l'égard des tiers. Dès ce moment, le vendeur était dessaisi, et s'inscrire sur lui c'était s'inscrire sur le néant. Aussi le créancier hypothécaire du tiers détenteur inscrit, primait-il tout créancier hypothécaire du vendeur, inscrit seulement après la vente.

Le Code de procédure de 1807 apporta quelques changements au système du Code. Sans revenir à la loi de brumaire an VII, et sans créer la publicité des mutations de propriété, l'art. 834 du C. de proc. rendit la transcription sinon obligatoire, du moins utile.

« Les créanciers qui, ayant une hypothèque aux » termes des art. 2183, 2127 et 2128 du C. C., n'au- » ront pas fait inscrire leurs titres antérieurement » aux aliénations qui seront faites à l'avenir des im- » meubles hypothéqués, ne seront reçus à requérir » la mise aux enchères, conformément aux disposi- » tions du chap. VIII, tit. XVIII du liv. III du C. C., » qu'en justifiant de l'inscription qu'ils auront prise

» depuis l'acte translatif de propriété et, au plus tard,
» dans la quinzaine de cet acte. »

Sous l'empire de cette loi, il pouvait arriver qu'une hypothèque était concédée à un créancier par le vendeur avant l'aliénation ; qu'après la vente, l'acquéreur en constituait une en faveur d'un de ses créanciers personnels, que celui-ci inscrivait, et que le créancier du vendeur n'inscrivait qu'après lui, mais avant la transcription, ou tout au moins dans la quinzaine de la transcription.

A qui accorder la préférence?

MM. Persil et Dalloz disaient avec raison : l'art. 2177 décide qu'il suffit d'être *inscrit* sur le précédent propriétaire pour primer les créanciers personnels.

Lorsque la vente était faite, même sous l'empire de l'art. 834, tout était consommé à ce moment, la propriété était transportée sur la tête du tiers détenteur avec la charge qui la grevait ; et, une des charges qui la grevaient, c'étaient les hypothèques concédées avant l'aliénation.

M. Troplong répondait qu'il fallait combiner ces articles et décisions avec l'art. 2134 du C. N., qui déclare que l'inscription seule donne rang.

On pouvait lui répondre : ce principe peut être vrai toutes les fois que les créanciers sont du même ordre ; mais il souffre quelques exceptions lorsque le débat s'engage, comme dans l'espèce, entre des créanciers dont les hypothèques avaient été consenties par des propriétaires différents du même immeuble.

M. Troplong objectait que le créancier hypothécaire du tiers détenteur sera surpris dans sa bonne foi, puisqu'il n'a aucun moyen en prêtant de s'assurer du crédit de l'emprunteur.

Il a été imprudent : pour se mettre à l'abri de toutes éventualités, il devait obliger le tiers détenteur à transcrire et regarder la propriété de ce dernier comme mal assise, équivoque, tant que cette formalité ne serait pas remplie.

La question se présente sous un autre aspect, sous la loi du 23 mars 1855, comme sous la loi du 11 brumaire an VII.

Primus constitue une hypothèque à *Secundus* ; l'immeuble est vendu à *Tertius. Tertius* hypothèque le même immeuble à *Quartus* qui fait inscrire son droit. Quelque temps après, *Secundus* prend à son tour inscription. Quant à la transcription, elle n'a pas lieu.

Secundus sera-t-il primé par *Quartus ?*

Dès qu'il y a transcription, la question ne fait pas doute. Le cours des inscriptions du chef du précédent propriétaire est arrêté. Mais, dans l'espèce, la transcription ne s'est opérée qu'après l'inscription du créancier du vendeur.

La question, telle que je l'ai exposée, s'est présentée sous l'empire de la loi de brumaire an VII, devant la Cour d'Aix (15 pluviôse an XIII, et sur pourvoi, Req., 13 brumaire an XIV).

Voici l'espèce que cite M. Dalloz.

Une maison située à Marseille, vendue en 1793, par Lambert à Belleville, et grevée d'hypothèques au profit des enfants Lambert pour les reprises de leur mère, passe, en vertu d'une nouvelle vente et avec les mêmes charges, le 17 thermidor an III, entre les mains de Faret. Ce dernier ne prit pas de lettres de ratification (l'édit de 1771 n'étant point reçu à Marseille), et ne fit pas transcrire son contrat conformément à la loi de brumaire. Le 26 prairial an VII et le 18 ventôse an VIII, Andrieux et la dame Bourlier, créanciers de Faret, prennent des inscriptions sur la maison par lui acquise. 4 pluviôse an IX, les enfants Lambert prennent aussi inscription sur Faret. Plus tard, en l'an XII, revente de la maison consentie à Martin.

Dans l'ordre ouvert pour la distribution du prix, une contestation s'élève au sujet de la priorité du rang, entre les enfants Lambert et les créanciers de Faret. 12 thermidor an XII, jugement qui colloque au premier rang les créanciers Faret; sur l'appel, arrêt confirmatif de la Cour d'Aix du 15 pluviôse an XIII. Pourvoi pour fausse application des art. 37, 38, 39 et 44 de la loi du 11 brumaire an VII, et violation de l'art. 17 de cette loi. Arrêt de rejet.

Cette décision ne me paraît pas conforme aux principes.

La Cour d'Aix s'appuie sur un argument unique, tiré de l'art. 2134; entre créanciers, c'est la date des inscriptions qui sert à déterminer le rang. Ce serait violer les deux grands principes de la publicité et de la priorité, en matière d'hypothèques, que d'admettre un créancier à venir primer, après coup, en vertu d'une ancienne hypothèque non inscrite dans le délai, un autre créancier inscrit avant lui et qui, au moment où il avait traité avec le débiteur, n'avait pu soupçonner l'existence de cette hypothèque non encore inscrite.

Enfin, M. Troplong, en son commentaire sur la loi du 23 mars 1855, n° 105 sur la décision de la Cour d'Aix, nous dit : « On ne conçoit pas qu'il puisse en » être autrement; car, enfin, les enfants Lambert » qui avaient négligé l'exercice de leur droit, pou- » vaient-ils être préférables à des créanciers qui » avaient obéi à la loi en exerçant le leur? »

La Cour d'Aix et M. Troplong partent d'un prin- cipe faux, ou plutôt négligent un principe vrai.

Pour moi, les lois de brumaire (art. 26) et de 1855 (art. 1er et 3), signifient que le défaut de transcrip- tion rend nulle, à l'égard du créancier du vendeur, l'aliénation de l'immeuble soumis à son hypothèque.

Dans l'espèce, Faret n'ayant pas fait transcrire, n'était pas saisi de la propriété vis-à-vis des enfants Lambert; tant que la transcription ne s'était pas effectuée, la propriété continuait à résider sur la tête du vendeur; le tiers détenteur n'avait donc pu hypo- théquer au préjudice des créanciers antérieurs; sans droit vis-à-vis des tiers, dans l'espèce les créanciers hypothécaires du vendeur, l'acquéreur ne pouvait transmettre aux siens plus de droit qu'il n'en avait lui-même.

A l'objection tirée de l'art. 2134, il y a à répondre : ce principe est vrai lorsque l'hypothèque est valable; mais, du moment que l'hypothèque est viciée, l'ins- cription qui n'en est que la manifestation, ne peut faire disparaître ce vice que j'appelle intrinsèque.

Toute la question est de savoir, avant d'invoquer l'art. 2134, si l'hypothèque est constituée régulièrement.

J'ajoute, pour répondre à M. Troplong, que, dans l'espèce, les créances hypothécaires de Faret étaient aussi favorables que celles des enfants Lambert. Toutes les fois qu'un créancier hypothécaire contracte, il doit s'assurer que le contrat est transcrit. Il saura par là même, que son débiteur est propriétaire incommutable, qu'aucune inscription ne pourra se produire du chef d'anciens propriétaires, et il évitera de la sorte tout conflit.

58. — Sur la fin de l'art. 2177, M. Troplong se demande ce que deviennent les servitudes constituées sur l'immeuble par le tiers détenteur délaissant?

Dans l'ancien droit français, il était de principe que le délaissement remettait l'héritage dans l'état où il se trouvait. — La servitude quoique le dégradant (le tiers détenteur avait ce pouvoir) était maintenue.

Mais dans notre droit, il ne peut en être de même; le délaissant, quoique propriétaire, n'a pu porter préjudice aux créanciers inscrits.

Cependant, je maintiendrais les servitudes, si le tiers détenteur verse entre les mains des créanciers hypothécaires, ce dont l'immeuble a été diminué par suite de la servitude, ou pour mieux dire le montant estimé après débats et expertise de la servitude; à ce prix, la servitude sera maintenue; les créanciers ne peuvent se plaindre d'un préjudice quelconque; ils sont indemnisés.

SECTION QUATRIÈME.

Recours en garantie du tiers détenteur contre le vendeur.

59. — « Le tiers détenteur qui a payé la dette hy-
» pothécaire, ou délaissé l'immeuble hypothéqué, ou
» subi l'expropriation de cet immeuble, a le recours
» en garantie tel que de droit contre le débiteur prin-
» cipal. »

Le tiers détenteur non obligé personnellement,
qui paie la dette hypothécaire soit de ses deniers,
soit des deniers provenant de la vente de l'immeuble,
subit une éviction. Il est juste qu'il soit indemnisé
par le débiteur, cause de l'éviction.

Remarquons avec M. Tarrible (réport. 14, tiers
détent.), ces expressions, *tels que de droit.*

Elles nous font comprendre que le recours en garantie diffère d'importance, suivant que le titre est
onéreux ou lucratif.

Lorsque le titre est onéreux, on applique les règles
de la garantie en matière de vente (art. 1630, 1631
et seq.). — Le tiers détenteur a droit non-seulement
à la restitution du prix, des frais de garantie, des
fruits, des frais et loyaux coûts, mais encore à des
dommages-intérêts. — Il bénéficie de l'art. 1631 et
peut demander la totalité du prix, bien qu'il ait détérioré, même par sa négligence, l'immeuble qui lui
appartient : *qui rem quasi suam neglexit, nulli querelæ subjectus est.*

Vis-à-vis de son vendeur, le tiers détenteur n'a pas

à respecter l'immeuble affecté. Le premier n'a pas comme les créanciers hypothécaires un droit de contrôle sur leur gage. Le tiers détenteur pourra aussi répéter ses dépenses contre le vendeur.

Mais si ses créanciers personnels avaient été colloqués sur le prix, ce qui leur aurait été payé devrait être déduit de ce que le précédent propriétaire aurait à lui rembourser pour dommages-intérêts.

Dans l'espèce, l'étendue du recours en garantie dépend-il comme dans l'ancienne jurisprudence de la dénonciation au vendeur des poursuites hypothécaires?

Loyseau disait, et Pothier après lui, que, lorsque le trouble n'avait pas été dénoncé au vendeur, celui-ci ne devait pas les dommages-intérêts.

Cette condition ne peut être exigée dans notre Code. Le vendeur est nécessairement averti par un commandement des poursuites que les créanciers vont exercer. C'est là une dénonciation suffisante pour mettre le vendeur en demeure d'acquitter la dette, s'il en a l'intention ou la faculté. Néanmoins, comme nous l'avons dit plus haut, le tiers détenteur aura raison et intérêt à lier le vendeur à la procédure particulière de délaissement.

Mais la simple poursuite en paiement et en délaissement ne donne pas lieu au recours en garantie. Tant qu'il n'a ni payé, ni délaissé, le tiers détenteur n'y a pas droit.

Lorsque le titre est lucratif, y a-t-il lieu à garantie, et la garantie a-t-elle une aussi grande étendue?

60.—En cas de donations, dit-on, les lois romaines ne permettaient le recours que dans deux cas : 1° lorsque la garantie avait été expressément promise par l'acte de constitution ; 2° lorsque le donateur s'était rendu coupable de dol, comme lorsqu'il a donné sciemment la chose d'autrui.

Pour le légataire, il n'y a pas de difficultés, les art. 871 et 874 disent, en termes exprès qu'il a un recours contre celui en l'acquit duquel il a payé. Néanmoins, sous ces articles, on fait observer que le cas nominativement prévu est celui où le légataire a payé avec *ses deniers*, la dette pour laquelle l'immeuble légué se trouvait hypothéqué.

Il n'y a pas à s'arrêter à cette observation ; car, que la dette soit payée directement par le légataire, ou qu'elle soit payée indirectement avec les deniers provenant de la vente de l'immeuble, dans les deux cas, la dette est payée par le légataire, par cela même qu'elle est payée à ses dépens.

Peut-on assimiler le donataire au légataire au point de vue qui nous occupe?

Pour moi, il ne peut y avoir de doute. Le donataire à titre particulier, comme le légataire à titre particulier, ne continue aucunement la personne du défunt ; il laisse ce soin aux successeurs universels ; il n'acquitte pas plus que le légataire particulier les dettes du défunt ; il reçoit le bien franc et quitte de toutes charges, à moins que le donateur ne lui ait imposé l'obligation expresse d'acquitter ses dettes. Or, ce principe serait violé, si la loi n'accordait pas

au donataire qui a payé le droit de répéter le montant
de ses avances.

Au reste, dit Tarrible, le donateur qui a conservé
sur sa tête l'obligation personnelle de payer sa propre dette, s'est implicitement soumis à rembourser
quiconque l'acquitterait à sa charge.

« Il peut y avoir, continue-t-il, d'autant moins de
» difficultés à assimiler les deux cas, que le légataire
» et le donataire se trouvent compris dans cette dis-
» position générale de l'art. 1251 du C. C., n° 3,
» portant que la subrogation a lieu de plein droit au
» profit de celui qui, étant tenu avec d'autres ou pour
» d'autres au paiement de la dette, avait intérêt à
» l'acquitter. »

Enfin, dans l'espèce, refuser tout recours au donataire, ce serait autoriser la révocation indirecte de
la donation; on en arriverait ainsi à violer le principe de l'irrévocabilité des donations entre vifs, consacré par les art 944 et seq. du C. N.

Le donataire, comme le légataire, agit donc contre
le donateur, non pas en vertu des art. 1630 et seq. du
C. N., mais en vertu de l'art. 1251. Ils jouissent de
la subrogation légale. Ils ont en effet acquitté pour
d'autres, étant tenus pour eux.

L'étendue du recours en garantie nous est ainsi
connue. Le donataire a droit seulement à ce qu'il a
déboursé en l'acquit du donateur, pour désintéresser
ses créanciers.

La subrogation n'est faite, ni pour protéger une
spéculation comme la cession, ni pour garantir d'une
perte négative, comme le recours pour éviction dans

la vente; elle assure à celui qui a payé pour un autre le recouvrement de ses déboursés.

Et du reste, le donataire est aux lieu et place du créancier; il ne peut demander que ce que ce dernier pouvait demander. Il ne pourra donc pas répéter par exemple les frais de la donation; le subrogeant n'aurait pas eu ce droit.

60 *bis*. — Que faudrait-il décider, si l'éviction avait pour cause une surenchère, faite par un créancier à la suite de la déclaration du tiers détenteur qu'il ne peut acquitter les dettes jusqu'à concurrence du prix ?

Si l'acquéreur se rend adjudicataire de l'immeuble, il a son recours tel que de droit contre le vendeur, et d'après l'art. 2191 qui prévoit le cas dans l'espèce, « l'acquéreur aura son recours tel que de droit contre » le vendeur pour le remboursement de ce qui excède » le prix stipulé par son titre et pour l'intérêt de cet » excédant à compter du jour de chaque paie- » ment. »

L'acquéreur aura droit à garantie, même quand il ne se rendrait pas adjudicataire.

En effet, il subit une éviction. La mesure de cette garantie doit donc être réglée par les art. 1630 et 1631. Le jour de la déclaration de surenchère sera considéré comme le jour de l'éviction, car pour l'acquéreur tout est consommé en ce moment. S'il se présente à la vente, c'est comme tout étranger, et l'on ne peut pas en induire qu'il est resté lié à toute cette procédure, et que l'adjudication seule marque le jour de l'éviction.

Je déciderai, par les raisons déduites plus haut, que le donataire qui aura notifié son extrait et sur lequel on aura surenchéri, a droit non pas à garantie, mais peut exercer les actions que lui confère la subrogation légale.

CHAPITRE IV.

EXCEPTIONS DIVERSES ACCORDÉES AU TIERS DÉTENTEUR.

61. — J'ai expliqué jusqu'à présent toutes les phases de la lutte favorables au créancier hypothécaire. J'ai exposé son droit de poursuite s'exerçant sans obstacle sous ses formes diverses.

Cependant, quelque discrédit que le législateur attache au défaut de purge, il a jugé qu'il est des circonstances qui réclament pour le tiers détenteur aide et protection contre les attaques. — Aussi lui a-t-il accordé dans certains cas des armes pour se défendre.

Ces moyens de défense ne sont pour la plupart que des fins de non recevoir écartant pour un temps les attaques, mais laissant au fond subsister tous les droits du créancier hypothécaire. On les nomme des exceptions.

Pothier en compte cinq :

La 1re, est l'exception de discussion.

La 2e, l'exception à raison des impenses.

La 3e, l'exception à raison des hypothèques antérieures que le tiers détenteur peut avoir sur ce même héritage.

La 4e, l'exception de garantie.

La 5°, l'exception *cedendarum actionum.*

J'examinerai successivement chacune de ces exceptions, et je rechercherai si elles existent toutes sous l'empire du Code.

SECTION PREMIÈRE.

Bénéfice de discussion.

62. — Le bénéfice de discussion consiste à pouvoir s'opposer à la vente de l'héritage hypothéqué transmis, s'il est demeuré d'autres immeubles engagés à la même dette dans la possession du principal ou des principaux obligés, et à pouvoir en requérir l'expropriation préalable. Pendant ce temps il est sursis à la vente de l'héritage hypothéqué.

63. — Le bénéfice de discussion proprement dit, dont nous parlent les art. 2027 et seq. du C. N., prit naissance dans un rescrit de l'empereur Adrien (au Code de *constit. pecun.,* et aux Instit. *de fidejuss.* §4.)

Mais, au point de vue des hypothèques, le créancier paraît n'avoir pas été soumis à l'exception de discussion par l'ancien droit romain. Après qu'il avait mis le débiteur en demeure de payer par une sommation, il était maître d'actionner à son gré le débiteur principal ou les cautions, ou d'agir sur les hypothèques. (L. 24, C. de *pign.,* l. 10, c. cod.)

La novelle 4 de Justinien fonde le droit nouveau, et refuse ce choix au créancier. Elle déclare que le créancier n'a pas le droit d'attaquer les immeubles du débiteur qui sont détenus par d'autres, avant que ledit créancier n'ait attaqué les obligés personnels et les fidéjusseurs, les *sponsores* et les *mandatores*.

Dans notre ancienne jurisprudence, les opinions étaient variées sur ce sujet. Cette variation s'explique, la convention seule dictant ses lois dans l'espèce.

Les uns soutenaient que la vente de l'objet affecté ne changeait ni le caractère ni l'étendue du droit du créancier; celui-ci pouvait toujours poursuivre son débiteur sur tous ses biens et rechercher les immeubles grevés partout où ils se trouvaient. D'autres prenaient en considération la position du tiers détenteur et la protection due aux immeubles dans l'intérêt de leur valeur et de la prospérité publique. Tant qu'il restait des biens entre les mains du débiteur, le créancier devait s'adresser à lui. De là, sur cette question la diversité des coutumes.

Mais dans les pays de nantissement la novelle 4 n'avait pas eu droit de cité. Les formalités de publicité exigées dans ces pays avaient cet effet, de mettre en quelque sorte la chose en la possession du créancier, ou de la faire considérer dans cet état; aussi le bénéfice de discussion ne pouvait-il être opposé. Le créancier ayant un droit de possession feinte sur la chose, l'aliénation n'avait pu le déposséder, et le tiers détenteur n'avait pas à se plaindre.

Par imitation de ces pays de nantissement, la loi de brumaire an VII abolit le droit de discussion. Cette abolition se justifiait par les raisons qui avaient crédit dans les pays de nantissement, l'inscription étant assimilée aux formalités adoptées par les coutumes de ces pays.

Le Code civil a rétabli le bénéfice de discussion.

Examinons sur ce point successivement, quelles sont les conditions exigées pour l'opposer; à quels détenteurs il appartient; à quels créanciers il est opposable ; quels sont les biens que le créancier peut être forcé de discuter; sous quelle forme le bénéfice peut être opposé.

§ 1".

Nature du bénéfice de discussion.

64. — Comme je l'ai déjà fait comprendre, le bénéfice de discussion n'est pas un moyen de fonds, susceptible d'anéantir la poursuite des créanciers hypothécaires; c'est une exception, qui suspend les attaques et procure un sursis au tiers détenteur. Aussi, comme toute exception, c'est le Code de procédure qui nous l'enseigne, elle ne peut être opposée en tout état de cause; elle doit être proposée *in limine litis;* l'art. 2022 relatif à la caution trouve son application dans l'espèce, il dit : « le créancier n'est » obligé de discuter le débiteur principal que lorsque » la caution le requiert *sur les premières poursuites* » dirigées sur elle. »

64 *bis.* — Quelles sont au juste les premières poursuites, dirigées contre le tiers détenteur?

D'après M. Troplong, le tiers détenteur qui n'a pas opposé l'exception dont s'agit après la sommation prescrite par l'art. 2169 avant le second acte de poursuite, serait déchu du bénéfice.

C'est être trop rigoureux.

Ne pourrait-on pas soutenir que la sommation

n'est pas à proprement parler, un acte de procédure : que c'est un avertissement ; qu'elle est en dehors des formalités nécessaires pour arriver à la vente de l'immeuble ? Nous serions d'avis que, même après le procès-verbal de saisie, et avant la dénonciation, l'exception pourrait être proposée.

Néanmoins d'une part, l'esprit et les termes de la loi, d'autre part, l'intérêt de la masse créancière que le législateur protége souvent contre les caprices du tiers détenteur peu favorable, puisqu'il ne purge pas, exigent que la procédure ne soit qu'au seuil et que les frais n'aient pas encore été faits.

Aussi la Cour de Toulouse (arrêt du 20 novembre 1834) a-t-elle jugé avec raison que le bénéfice de discussion ne peut être opposé ni après la fixation défi-nitive du jour de l'adjudication, ni après la dénon-ciation de la saisie, ni à plus forte raison, après l'ap-position des placards.

§ 2.

A quels tiers détenteurs appartient le bénéfice de discussion?

65. — L'art. 2170 nous dit, que tout tiers déten-teur obligé personnellement à la dette ne peut dis-cuter le débiteur. C'est que la discussion, comme le délaissement, suppose nécessairement, que les créan-ciers n'ont d'action contre lui qu'à cause de la chose. Le législateur trouve juste et en même temps utile pour tous de commencer à exproprier celui qu'un lien personnel attache aux créanciers.

J'ai déjà, sous l'art. 2172, donné l'explication des mots : *personnellement obligé*. Dans l'espèce les mots ont le même sens. Tout tiers détenteur qui aurait contracté, à un titre quelconque, un engagement personnel relatif à la dette garantie sur l'immeuble par lui détenu, pourrait être poursuivi de la même manière que le débiteur principal; comme le dit Barthole : *quoties personalis actio cum hypothecaria concurrit ; nec divisioni nec discussioni locus est.*

Néanmoins, en dehors des nombreuses espèces, discutées sous l'art. 2172, il existe plusieurs cas relatifs au bénéfice de discussion, sur lesquels il y a doute et controverse.

Le tiers détenteur s'est porté caution du débiteur ou il a simplement donné une hypothèque pour sûreté de la dette. Devait-on le regarder comme personnellement obligé ? Dans le deuxième cas, la solution n'est pas douteuse ; sans doute il n'y a pas là d'obligation personnelle puisque l'immeuble seul répond ; mais le bénéfice de discussion est repoussé ici par un tout autre motif. Nous verrons tout à l'heure que le bénéfice de discussion ne peut être opposé au créancier ayant hypothèque spéciale. Or toute hypothèque conventionnelle, et nous sommes dans ce cas, est spéciale. De là la conséquence.

Dans le premier cas, la solution est plus délicate.

66. — Nous avons admis que la caution qui s'est rendue acquéreur d'un immeuble hypothéqué du débiteur dont elle garantit la dette, ne peut délaisser comme étant personnellement obligée.

En est-il de même pour le bénéfice de dis-cussion?

Des auteurs prêtent à la caution le raisonnement suivant : « En quelle qualité suis-je poursuivie? Est-ce comme caution, comme débiteur personnel? Je vous oppose alors le bénéfice de discussion dont je jouis en ma qualité de caution conformément à l'art. 2021? Est-ce comme tiers détenteur? J'invoque alors le bénéfice de discussion qui est accordé au tiers détenteur par l'art. 2170? »

Il est plus juridique d'adopter l'opinion contraire ; en effet, dans l'espèce, il faut écarter l'art. 2021, qui n'a trait qu'au cas où la poursuite du créancier s'exerce sur les biens personnels de la caution ; mais ici l'immeuble qu'elle a acheté, cet immeuble est grevé, cet immeuble est le gage des créanciers, leur droit paralyse et tient en échec celui du tiers détenteur. Aussi le créancier lui dira-t-il qu'il la poursuit comme détenant le gage et non comme caution. que par conséquent l'art. 2021 n'est pas invocable.

Si, vaincue sur ce terrain, la caution veut invoquer l'art. 2170, le créancier l'arrêtera et lui dira : Vous êtes personnellement obligée, car, à la place du débiteur, vous devez payer ; vous n'avez donc pas le droit d'invoquer l'art. 2170 qui est votre condamnation, puisqu'il exige pour son application que le tiers détenteur ne soit pas personnellement obligé.

Aussi, en résumé, la caution ne peut invoquer l'article 2021, puisqu'elle n'est pas poursuivie comme caution, mais comme détenant le gage ; ni l'article 2170, puisque poursuivie comme tiers détenteur, elle n'est pas dans la position d'un tiers détenteur ordinaire uniquement tenue *propter rem*, et qu'à cette obligation réelle se mêle l'obligation personnelle ; ce qui lui interdit la faculté d'invoquer le bénéfice de discussion.

Nous devrons considérer comme obligé personnel celui qui a acheté du débiteur, à la condition qu'il verserait une partie du prix à un créancier hypothécaire déterminé. S'il est poursuivi par le créancier hypothécaire, il ne peut opposer le bénéfice de discussion ; sans doute cette convention est étrangère au créancier poursuivant ; elle n'a pu en conséquence produire de droit pour le créancier qui ne la connaissait pas ; cependant elle suffit pour constituer l'acheteur en mauvaise foi et lui enlever ainsi le droit à l'exception qui découle plutôt de l'équité que du droit pur : c'est ainsi que s'exprime Favre.

67. — Le débiteur laisse plusieurs héritiers : l'on sait que chaque héritier est tenu personnellement pour sa part et portion, et hypothécairement pour le tout. Un héritier achète un des immeubles de la succession hypothéquée ; il paie au créancier poursuivant la part qu'il doit supporter comme obligé personnel.

L'héritier aura-t-il le droit à l'exception de discussion, et pourra-t-il dire au créancier de poursuivre, entre les mains de ses co-héritiers, les immeubles hypothéqués à la même dette qu'ils détiennent ?

Dans l'espèce, soit à propos du droit de discussion, soit à propos du droit de délaissement, Faure, Des-

peisses et Loyseau, décidaient : « Faut pareillement
» observer que cette discussion, introduite en faveur
» du possesseur étranger, n'a point lieu à l'égard de
» l'un des héritiers de l'obligé, qui quand et quand
» serait détempteur de la chose hypothéquée, bien
» qu'il offrit de payer, même qu'il eût payé à part sa
» portion héréditaire. »

Pothier, d'accord avec Lebrun, enseigne que le
cohéritier tiers détenteur, qui a payé sa part, peut
délaisser, mais ne peut invoquer le bénéfice de discussion.

Dans la jurisprudence moderne, MM. Chabot de
l'Allier, Grenier et Troplong, prétendent qu'il peut
invoquer le bénéfice de discussion.

M. Dalloz adopte l'opinion de Pothier.

Quant à nous, après avoir décidé que le cohéritier
qui a payé sa part peut délaisser, nous déciderons
qu'il ne peut, dans les mêmes circonstances, opposer
l'exception de discussion.

Nous suivons en cela Pothier, Lebrun et M. Dalloz,
et il n'y a pas contradiction entre les deux cas, quoi
qu'en dise M. Troplong. Il n'y a pas parité entre
les deux espèces.

Lorsque le tiers détenteur délaisse, le créancier
poursuit le paiement sur l'immeuble et arrive à une
expropriation. C'est à peu près, pour le résultat,
comme s'il poursuivait la vente sur l'acquéreur.

Lorsque le tiers détenteur oppose le bénéfice de
discussion, l'effet est contraire ; le créancier ne peut
atteindre son gage comme dans le premier cas ; s'il
s'adresse aux autres cohéritiers, chacun d'eux fera

comme le premier, et le créancier se verra renvoyer
de l'un à l'autre, après un circuit de demandes mul-
tipliées ; il pourra ainsi éprouver des retards et des
embarras préjudiciables à ses intérêts.

Au reste, le bénéfice de discussion ne peut être
aussi favorable que le délaissement.

Le délaissement découle des principes rigoureux
du droit ; c'est une conséquence de cette idée, que
tout individu, tenu seulement à cause de la chose,
s'affranchit de toute obligation, en livrant aux poursuites, la chose seule obligée.

Le bénéfice de discussion, au contraire, ne prend
pas sa source dans les principes juridiques ; ce ne
sont pas eux qui l'appellent comme une conséquence
de la théorie hypothécaire : c'est un palliatif apporté
par équité.

Le législateur, dans l'intérêt de la société en général, qui ne peut rester indifférente à la dépréciation
de la propriété, comme aussi dans l'intérêt particulier des parties en présence, s'est ému de la situation
d'un tiers détenteur, obligé de déguerpir, lorsque les
créanciers peuvent obtenir leur paiement du débiteur
lui-même. La propriété, dans l'espèce, a été favorisée.
Comme dit le président Faure : *Non potest exceptionem objicere quæ non tam summo jure nititur,
quam æquitate.*

C'est donc une faveur faite contre la nature du
droit hypothécaire. Or, comme dit l'adage : *Favores
non ampliandi.*

Ajoutons, avec Pothier, « que l'exception de dis-
» cussion ne peut s'opposer par ceux qui sont per-

» sonnellement tenus de la dette, pour quelque petite
» partie que ce soit. »

§ 3.

*A quels créanciers le bénéfice de discussion
peut-il être opposé?*

68. — L'art. 2171 répond : « L'exception de dis-
» cussion ne peut être opposée au créancier privi-
» légié ou ayant hypothèque spéciale sur l'im-
» meuble. »

Le créancier n'ayant contracté qu'en vue du gage
qui lui serait affecté à lui de préférence à un autre,
le détenteur du gage ne peut le repousser, et lui dire
de s'attaquer aux autres biens du débiteur. Ce serait
détruire la convention des parties ; car c'est en vue
de tel ou tel gage que l'on a contracté.

Pour les priviléges, qui sont presque tous spéciaux,
c'est la même raison qui s'oppose au bénéfice de discussion. Sans doute, les priviléges de l'art. 2101
grèvent la généralité des immeubles ; mais la faveur
que le législateur y attache et le peu d'importance
des créances garanties par eux, justifient la disposition de la loi qui ne permet pas au détenteur de paralyser entre les mains de ses créanciers, le droit de
suite.

Ainsi le bénéfice de discussion ne peut être invoqué que contre les hypothèques légales et judiciaires.

69. — Deux graves difficultés se présentent.

Doit-on considérer comme ayant une hypothèque
spéciale :

1° Celui qui, par la convention, a stipulé aux

termes de l'art. 2130, que les biens à venir lui seraient affectés en cas d'insuffisance des biens présents?

2° Le créancier à hypothèque judiciaire et légale, dont l'hypothèque est réduite aux termes des articles 2140 et 2161?

1er *point.* — On s'est demandé si l'hypothèque conventionnelle des biens à venir dans le cas de l'art. 2130, frappe les biens advenus ultérieurement au débiteur, indépendamment de toute inscription nouvelle, comme s'il s'agissait d'une hypothèque judiciaire, ou bien si le droit hypothécaire ne s'exerce sur les biens advenus au débiteur après la convention, qu'au moyen d'une inscription spéciale prise sur chacun de ces biens nominativement, et à mesure qu'ils arrivent dans les mains du débiteur?

Pour dire que l'inscription n'était pas nécessaire, on a invoqué : 1° la pensée de secours que la loi a voulu apporter et qui demeurera inefficace, si l'inscription est obligatoire, car on sera primé par les plus diligents ; le prix sera à la course.

2° On a invoqué aussi la discussion du projet de loi. On a prétendu que la Cour de cassation qui avait fait triompher le principe de la spécialité et de l'inscription, terminait sur ce point son projet : « Le » créancier pourra en exprimant cette insuffisance » consentir que le créancier puisse *s'inscrire sur* » *chacun des biens* à venir à mesure de leur acquisition. »

Le Code a changé la phrase, a fait disparaitre le mot *s'inscrire*, et a dit que le débiteur peut consentir que les biens à venir demeurent affectés à mesure des acquisitions.

Quant à la première objection, qui nous signale des périls et des inconvénien's, notre système en est brissénous l'avouons, et il ne pouvait en être autrement. Du moment que l'on exige l'inscription d'une part, et que d'autre part on en dispense certaines hypothèques, on est soumis à un état de choses de ce genre.

Quant à la discussion tirée de la loi, j'y réponds d'après les observations faites au Tribunat, au Corps législatif et au Conseil d'État par les rapporteurs de la loi, qui tous concluent en termes exprès, comme la Cour de cassation, à cette idée que le secours de cette hypothèque frappant les biens à venir, n'est acquis qu'à la condition de l'inscription. Cela se comprend, on sortait du système désastreux de la généralité des hypothèques, on faisait tout pour éviter d'y rentrer.

Lorsque le Code a changé les termes du projet de la Cour de cassation, les rédacteurs ont bien agi. L'idée de la Cour de cassation exigeant l'inscription, était exprimée ailleurs : ce qu'il fallait ici, c'était la création de l'hypothèque à mesure des acquisitions.

Ces mots *demeurent* AFFECTÉS, laissent nécessairement supposer qu'une fois créée, l'hypothèque conventionnelle dont s'agit rentre dans les lois ordinaires ; on a voulu simplement marquer sa naissance. Pour les conditions de son existence, on s'en est référé aux dispositions générales.

Et enfin que nous dit l'art. 2148? Il exige l'inscription en indiquant l'espèce et la situation des biens soumis à l'hypothèque, sauf *pour les hypothèques légales et judiciaires;* mais il ne parle pas de notre hypothèque.

Le créancier doit donc indiquer sur le bordereau l'espèce et la situation des biens grevés. Or, quand peut-il indiquer l'espèce et la situation des biens, si ce n'est après l'acquisition? avant, il les ignore, ou est censé les ignorer. Ainsi l'inscription est nécessaire. Du moment que cette formalité est exigée et que l'inscription marque en quelque sorte du doigt l'immeuble affecté, la spécialité est créée. Il n'y a donc pas lieu au délaissement.

2ᵉ point. — Aux termes de l'art. 2140, lorsque, dans le contrat de mariage, les parties majeures seront convenues qu'il ne sera pris d'inscription que sur certains immeubles du mari, les immeubles qui ne seraient pas indiqués pour l'inscription resteront libres et affranchis de l'hypothèque pour la dot de la femme, pour ses reprises et conventions matrimoniales.

Il en sera de même, nous dit l'art. 2141, pour les immeubles du tuteur, lorsque les parents en conseil de famille auront été d'avis qu'il ne soit pris d'inscription que sur certains immeubles.

Eh bien, dans ces diverses espèces, il faut distinguer au point de vue qui nous occupe, si la restriction a eu lieu par voie de spécialisation ou par voie de dégrèvement.

Dans le premier cas, on indique que tels et tels

immeubles demeureront affectés. Ils sont désignés nominativement; et, bien que non soumis à l'inscription, la convention les marque du caractère de spécialité. Le tiers détenteur d'un de ces immeubles grevés ne peut donc arrêter le droit de suite.

Dans le deuxième cas au contraire, il est convenu ou ordonné que tels et tels immeubles demeureront affranchis. Les immeubles qui restent affectés, ne seront pas complétement spécialisés ; la convention ne les ayant pas déterminés comme dans le cas précédent. Dans l'espèce, le bénéfice de discussion pourra être opposé.

Il en est de même pour l'hypothèque judiciaire qui peut être réduite aux termes de l'art. 2161.

Il est des cas où l'impossibilité d'opposer l'exception résulte d'une renonciation expresse ou tacite ou d'une incompatibilité de ce bénéfice avec le contrat d'acquisition.

Le tiers détenteur qui a revendu les biens hypothéqués, ne peut pas suspendre l'action hypothécaire, alors surtout qu'il ne s'agit plus que de fixer par l'ordre les droits d'un chacun. Dans l'espèce il n'existe plus de tiers détenteur ; il ne doit pas non plus exister de bénéfice de discussion.

L'acquéreur qui aurait, suivant l'art. 2185, notifié son contrat d'acquisition, avec offre de payer son prix, ne pourrait invoquer le bénéfice de discussion; car il y a renoncé implicitement, puisque en purgeant ou en commençant à purger, il a en quelque sorte conclu au fond, et s'est mis dans l'impossibilité d'opposer l'exception.

Lorsque le créancier n'exerce pas la véritable action hypothécaire, qu'il ne fait qu'user de l'action en déclaration d'hypothèque interruptive de prescription; le bénéfice de discussion ne peut être invoqué; le créancier en effet ne poursuit pas le paiement, et, par conséquent, il n'y a pas à attaquer les biens de l'un plutôt que ceux de l'autre.

On s'est demandé si l'exception de discussion avait lieu, lorsque l'hypothèque avait été constituée, à la charge par le créancier d'être tenu à la discussion d'autres biens. L'espèce ne peut faire question; la convention du créancier et du débiteur contractée hors le concours du tiers détenteur, ne peut ni lui nuire ni lui profiter (art. 1165 C. N.). Et enfin à qui appartient le droit de discussion? Au tiers détenteur. Qui peut donc y renoncer? Lui seul; puisque seul il a le droit; on ne peut renoncer au droit d'autrui.

§ 4.

Quels sont les biens à discuter et dans quelle
forme s'oppose l'exception.

70. — Il faut avant tout que d'autres immeubles soient hypothéqués à la même dette, et qu'ils soient demeurés en la possession du principal ou des principaux obligés.

Il est facile de comprendre que le créancier ne peut être forcé d'aller discuter même provisoirement, soit un riche mobilier, soit des immeubles non soumis à son hypothèque; il n'arriverait là qu'au marc le franc, en concours avec tous les autres créanciers;

alors qu'il a stipulé un gage affecté spécialement à sa créance, dont le produit lui sera attribué par préférence à tous autres.

71. — Les auteurs ne s'accordent point sur la portée des mots *principaux obligés* dont se sert le législateur.

Ces mots comprennent-ils non seulement les codébiteurs du principal obligé, mais encore ceux qui l'ont cautionné, et même le tiers qui avait affecté son immeuble à la sûreté de l'engagement pris par le débiteur direct et personnel ?

Nous avons vu que, dans l'ancien droit romain, le bénéfice de discussion n'était accordé que contre le débiteur principal et ses héritiers, mais que la novelle 4 de Justinien l'accorde pareillement contre les cautions : « *Sed neque ad res debitorum quæ ab aliis detinentur veniat prius (creditor) antequam transeat viam super personalibus, contra mandatores et fidejussores et sponsores.* »

Nous avons vu d'autre part qu'il y avait diversité dans les coutumes sur la matière ; que la loi de brumaire an VII, avait aboli complétement le droit de discussion, mais que le Code de 1804 l'a rétabli.

M. Dalloz prétend que la caution dans l'espèce ne peut être discutée. Elle n'est tenue qu'accessoirement ; donc elle ne rentre pas dans les termes de l'art. 2170, *principaux obligés.*

Il ajoute : « En présence de la défaveur qui s'at
» tache à l'exception de discussion, en présence de
» la diversité des législations, et même de la sup
» pression de l'exception par la loi de brumaire

» an vii, n'est-il pas plus logique de supposer que le
» législateur de 1804, entre ces courants opposés
» d'opinion, a choisi un terme moyen? »

Nous répondons d'abord à cette dernière objection
qu'elle n'est pas fondée. Lorsque le Code de 1804, à
l'encontre de la loi de brumaire, a rétabli le droit de
discussion, il l'a fait sans distinction, et il est plus
convenable de croire qu'il s'en est rapporté au texte
législatif, qui a complétement organisé l'exception
dont s'agit, je veux dire à la novelle 4.

Devons-nous admettre l'argument de texte rigoureux et dire que la caution n'étant qu'un accessoire,
elle n'est pas un principal obligé?

Non : par ces mots, *principaux obligés*, le législateur a voulu surtout indiquer les parties qui ont un
engagement personnel, par opposition à celles qui
n'ont qu'une obligation réelle. Personne n'ignore
que la caution peut être poursuivie sur tous ses biens
indistinctement, à raison de la garantie qu'elle a promise.

Le législateur entoure de sa protection dans l'espèce, l'obligé réel auquel il sacrifie l'obligé personnel, quel qu'il soit.

Enfin, que les rapporteurs des différents projets
de réforme hypothécaire en souhaitent la suppression : nous sommes de cet avis. Mais qu'on tire un
argument juridique de ce que le bénéfice de discussion est défectueux : c'est inadmissible.

Je ne donne pas la même décision pour le tiers qui
s'est borné à affecter son immeuble à la sûreté de
l'engagement pris par le débiteur direct et personnel.

Ce tiers diffère essentiellement de la caution et se rapproche du tiers détenteur sous le rapport de l'obligation. Il n'a aucun lien personnel d'obligation; ce qui fait qu'au point de vue de notre question, il ne peut être compris dans les termes de *principaux obligés;* ces mots supposant avant tout un lien d'engagement personnel, opposé au lien réel du tiers détenteur.

L'art. 2170 exige que les biens soient en la possession du débiteur. Aussi, sous l'empire du Code, il n'est pas douteux que le tiers détenteur ne peut renvoyer le créancier à discuter préalablement les acquéreurs plus récents des biens hypothéqués ; ce serait contraire au texte de la loi, contraire aussi à son esprit; « car il s'agit, comme dit M. Grenier (t. 2, n° 325), d'un droit de convention, qui a eu » pour objet de se fixer sur des matières, sur les- » quelles on pouvait prendre un parti plutôt qu'un » autre, sans blesser précisément les règles de la » justice et de l'équité ; et l'on ne doit pas se per- » mettre d'extension d'un cas à un autre. »

Au surplus, le tiers détenteur plus récent, s'il n'était pas personnellement obligé, pourrait s'armer de l'exception dont s'agit ; le créancier ne trouverait plus personne pour lui répondre.

Sous les lois romaines, le créancier pouvait s'adresser à tel des tiers acquéreurs qu'il lui plaisait (loi 8, Dig. de distract. pign. et hypoth.). « *Creditoris arbitrio permittitur ex pignoribus sibi obligatis quibus velit distractis ad suum commodum pervenire.* »

Dans notre ancienne jurisprudence, il y avait diversité de coutumes. Cependant laplupart des coutumes adoptaient notre avis. La coutume d'Auvergne dit, (lib. 14, art, 3.) « Et ne sera reçu le tiers posses-
» seur, à indiquer d'autres biens du dit débiteur ou
» son héritier, dernièrement aliénés, subjets à la dite
» hypothèque, mais aura sur iceux son recours en
» garantie sommation dûment faite. »

J'ajoute dans le même ordre d'idées : le créancier hypothécaire a, après la mort de son débiteur, deux actions : l'une, personnelle, contre les héritiers ; l'autre, réelle, contre tous ceux qui détiennent les immeubles affectés. Le tiers détenteur d'un de ces héritages grevés, n'a pas le droit d'imposer au créancier l'obligation de poursuivre l'héritier par l'action personnelle. C'est une faculté que possède le créancier qui peut opter entre les deux actions, user de l'une avant l'autre et agir à son gré.

Le créancier, lorsqu'il en est requis pas la caution, est obligé de discuter tous les biens meubles et immeubles du débiteur. Pour le tiers détenteur, la discussion ne porte que sur les immeubles affectés à la même dette et restés en la possession du principal obligé.

72. — Néanmoins, à part cette restriction, et sous le bénéfice des observations qui précèdent, les conditions imposées par l'art. 2023 à la caution, sont également applicables au tiers détenteur. « La caution, dit l'art. 2023 *in fine* ne doit indiquer au créancier ni des biens du débiteur principal situés hors de l'arrondissement de la Cour royale où le paiement

doit être fait, ni des biens litigieux, ni ceux hypothéqués à la dette qui ne sont plus en la possession du débiteur. »

Si d'une part, l'on combine l'art. 2170 avec l'article 2023, et, si d'autre part, l'on donne au mot *forme* de l'art. 2170 le sens qui lui convient, c'est-à-dire si on l'interprète en ce sens que la loi nous renvoie pour la discussion aux conditions mentionnées au titre du cautionnement, qui ne sont pas incompatibles avec l'art. 2170 ; nous déciderons que le créancier n'a pas à discuter des biens hypothéqués à la même dette, mais qui sont litigieux ; car il ne peut être forcé, alors qu'il est armé d'un droit rigoureusement incontestable, de l'abandonner pour suivre les lenteurs et les ennuis d'un procès.

Il faut aussi, pour que la discussion soit valable, que les biens ne soient pas vendus ; dans ce cas la discussion ne peut avoir lieu d'après l'art. 2023, et les acquéreurs sont aussi favorables que celui qui invoque le bénéfice dont s'agit.

On s'est demandé si le créancier peut être forcé de discuter des biens du débiteur, qui seront évidemment insuffisants pour désintéresser le poursuivant.

Sur cette question, on ne pourra être fixé que par l'ordre qui révèlera les droits d'un chacun. Cependant, si le tribunal a dores et déjà entre les mains les éléments nécessaires pour apprécier sans expertise, la valeur réelle de l'immeuble, et qu'il reconnaisse que la réalisation des biens n'amènerait même pas un paiement partiel des plus modestes, les tribunaux refuseront au tiers détenteur le bénéfice de discussion.

Dans l'espèce, en effet, à quoi aboutirait la discussion ? à multiplier les frais, et à dévorer ainsi le gage des créanciers hypothécaires.

On se demande si le créancier sera forcé de discuter les biens situés hors du ressort de la Cour impériale du lieu où le paiement doit être fait. Il ne peut y être forcé.

Dans cette matière, en principe, toutes les fois que les règles du cautionnement ne sont pas incompatibles avec l'art. 2170, on les applique au bénéfice de discussion accordé au tiers détenteur. Or pour le cas dont s'agit, aucune restriction n'est imposée par l'art. 2170. De même que renvoyés à l'art. 2023 pour les conditions auxquelles on peut invoquer le bénéfice, nous avons décidé que l'on ne pourrait discuter les biens litigieux ; par les mêmes raisons, nous déciderons que l'on ne pourra discuter les biens situés hors du ressort de la Cour impériale du lieu où le paiement s'effectuera. Le législateur aurait dû s'exprimer, s'il avait voulu ouvrir au tiers détenteur sur ce point une voie plus large qu'à la caution.

A ces conditions, l'art. 2023 en ajoute deux autres : indiquer au créancier les biens du débiteur principal et avancer les deniers suffisants pour discuter.

La discussion se fait dans l'intérêt du tiers détenteur qui la réclame ; qu'il en supporte les frais.

Néanmoins nous n'irons pas jusqu'à dire comme la Cour de Bordeaux, que l'exception pour être valable doit contenir ou être accompagnée d'offres réelles et à deniers découverts de la somme nécessaire pour poursuivre. Cette prescription n'est écrite nulle part dans la loi ; elle nous dit simplement : « il doit *avancer* les frais : » les prescriptions de ce genre devant entraîner des déchéances ne se présument pas ; il faut qu'elles soient expresses.

Et, du reste, dans l'espèce, il sera facile de concilier tous les intérêts. Que, dans l'acte par lequel le tiers détenteur invoque le bénéfice de discussion, il fasse soumission de payer tous les frais et de verser le montant à la première réquisition.

Lorsque le moment est venu, on lui fait sommation de s'exécuter ; s'il ne le fait pas, ou s'il tarde, il est déchu de son bénéfice.

Nous n'irons pas non plus jusqu'à dire, avec la Cour de cassation, que le créancier doit en requérir l'avance pour que le tiers détenteur offre les frais. Ce serait contraire au texte et à l'esprit de la loi ; car, d'une part, la loi n'impose pas cette obligation ; et, d'autre part, comment concevoir que le créancier soit forcé de faire une réquisition de deniers ?

Disons avec M. Troplong, en terminant cette matière difficile du bénéfice de discussion : « La discussion une fois faite, sur l'exception d'un tiers détenteur, ne peut être réclamée par d'autres tiers détenteurs de biens hypothéqués à la même dette :

» De même, la discussion faite par l'un des créanciers profite à tous les autres créanciers qui ont hypothéqué.

» Et ces deux propositions sont toujours vraies, à moins toutefois qu'on ne prouve que, depuis, le débiteur principal a recouvré des biens ou qu'il a un héritier pur et simple solvable. »

SECTION DEUXIÈME.

De l'exception prétendue à raison des impenses faites au fonds hypothéqué.

73. — « Le tiers détenteur, nous dit l'art. 2175 in
» fine, ne peut répéter ses impenses et améliorations
» que jusqu'à concurrence de la plus value résultant
» de l'amélioration. »

Cette partie de l'art. 2175 fait exception au principe édicté dans l'art. 2133, où il est dit, que l'hypothèque acquise s'étend à toutes les améliorations survenues à l'immeuble hypothéqué.

Cette dérogation se justifie par un sentiment d'équité. Le législateur ne veut pas que le tiers détenteur nuise aux créanciers en dépréciant leur gage ; en retour, il ne souffre pas que les créanciers profitent gratuitement des améliorations qu'il a pu apporter à l'immeuble hypothéqué.

Mais quelle est la nature et l'étendue du droit dont nous parlons ?

§ 1er

Nature du droit.

74. — La doctrine n'est pas d'accord sur la nature de ce droit. Les uns donnent au tiers détenteur le droit de rétention, c'est-à-dire l'autorisent à conser-

ver l'immeuble jusqu'au désintéressement par le
créancier poursuivant du tiers acquéreur.

D'autres refusent ce droit, mais prétendent que le
tiers détenteur a un privilége, analogue à celui du
créancier qui a fait les frais pour la conservation
de la chose, ou à celui des architectes ou entrepre-
neurs.

D'autres, enfin, enseignent que le tiers détenteur
a un simple droit de créance, ou une action de *in rem
verso*, qu'il peut exercer dans l'ordre par voie de
distraction de la partie du prix, correspondante à la
plus value, ou au montant de ses dépenses.

1er système : Si le tiers détenteur a le droit de rétention, il a par là même une exception propre à suspendre les poursuites et à arrêter la saisie.

M. Tarrible, pour défendre ce système, s'appuie
d'abord sur la jurisprudence romaine.

La loi 29, § 2, D. de pignor. et hypoth., décide
formellement que le tiers détenteur assigné en action
hypothécaire, qui a fait des impenses sur l'immeuble,
a droit de le retenir jusqu'à ce qu'il ait été remboursé.

M. Tarrible se fonde encore sur l'art. 9 du tit. 27
de l'ordonnance de 1667 : « Celui qui avait été con-
» damné à délaisser la possession d'un héritage (di-
» sait cet article), en lui remboursant quelques
» sommes, espèces, impenses ou améliorations, ne
» peut être contraint de quitter l'héritage qu'après
» avoir été *remboursé*. »

Enfin M. Tarrible dit que, si ce droit de rétention
n'existe pas en faveur du tiers détenteur, il perdra

les impenses et améliorations qu'il aura faites, parce qu'il ne pourra les réclamer à titre de privilége, sur le prix de la vente qui doit se faire ultérieurement.

Je pense que le droit de rétention existe dans notre droit, sans que le législateur l'ait dit expressément, pourvu qu'il n'y ait pas dans les termes de la loi des expressions incompatibles avec son existence, ou qu'il y ait *debitum cum re junctum* ; c'est-à-dire que les trois conditions suivantes soient réunies :

1° Possession de la chose d'autrui par un tiers ;

2° Obligation de la part du propriétaire envers le possesseur ;

3° Connexité entre la chose retenue (*debitum cum re junctum*) et les créances du rétenteur.

Néanmoins, dans l'espèce, je décide contre M. Tarrible qu'il n'y a pas lieu au droit de rétention. Les termes de l'art. 2175 sont formels : le tiers détenteur pourra *répéter :* ce droit de répétition suppose nécessairement la remise de la chose entre les mains des ayants droits, et exclut en conséquence l'idée d'une rétention quelconque ; il implique, en un mot, l'idée de créance.

Quant aux objections de M. Tarrible, elles ne peuvent nous arrêter.

Loyseau fait admirablement comprendre que l'on ne peut en France invoquer la loi 9 du Dig. En effet, en droit romain, le créancier postérieur n'avait pas le droit de vendre la chose avant d'avoir payé le créancier qui lui était préférable. Or, celui qui avait bâti l'édifice, était le plus privilégié; il s'ensuivait que les créanciers hypothécaires ne pouvaient faire vendre qu'après lui avoir payé ses améliorations. Chez nous, le droit de poursuite appartient à tout créancier. De là, Loyseau concluait que le tiers détenteur pouvait être forcé de délaisser avant que le prix de ses impenses lui eût été remboursé.

Ainsi, à Rome, le droit de rétention était une conséquence nécesssaire du système hypothécaire romain.

Chez nous le système diffère, la loi n'a donc pas d'application.

Quant à l'objection tirée de l'art 9 du tit. 27 de l'ordonnance de 1667, elle ne peut produire d'effet. La décision de l'ordonnance s'applique à un cas qui diffère essentiellement de l'espèce en litige.

L'ordonnance s'occupait du propriétaire véritable qui a triomphé dans la revendication, et qui veut répéter la chose contre celui qui la détient indûment. Dans ce cas, une des conditions naturelles de la réintégration du propriétaire, c'est qu'il commence par désintéresser celui qui a fait son affaire. Dans la matière qui nous occupe, au contraire, c'est le tiers détenteur qui veut s'opposer à une saisie à laquelle il s'est soumis d'avance en achetant; qu'il a prévue et dont il a accepté les conséquences. Du reste quelle faveur accorder à un tiers qui, au lieu de purger, et de concilier ainsi le respect dû aux conventions avec ses intérêts et les droits des créanciers hypothécaires, s'affranchit, sans prétexte plausible, d'une charge qu'il a acceptée.

M. Tarrible. prenant en pitié la position du tiers

détenteur, prétend que tout système contraire au sien, la sacrifie.

Mais si le paiement est assuré, quel dommage éprouvera le tiers détenteur? S'il y a des risques à courir, sur qui doivent-ils retomber de préférence?

Pour ma part, la position du créancier hypothécaire me semble digne de plus de protection. Il avait des droits acquis avant le second ; il a donc un droit de priorité d'autant plus favorable que le tiers détenteur a acheté en connaissance de cause. Est-il juste d'ailleurs que le créancier soit obligé de faire l'avance des deniers, et qu'on paralyse ainsi ses attaques, alors que l'hypothèque avait pour but de faciliter le remboursement de sa créance?

Au surplus, lorsque le législateur accorde le droit de rétention pour impenses, par exemple dans les art. 867 et 1673, remarquez que ce droit est opposé au véritable débiteur de ces impenses, et l'on comprend que ce dernier ne rentre en possession de l'immeuble que paiement préalablement fait de sa dette. Mais ici la situation n'est pas la même; le tiers détenteur opposerait ce droit à un tiers qui n'est aucunement débiteur des dites dettes.

2ᵉ système : Pothier, MM. Grenier et Troplong refusent ce droit de rétention, mais reconnaissent au tiers détenteur un privilége sur le prix d'adjudication, pour raison de la plus value résultant de ses impenses, en l'assimilant à l'architecte dont le privilége est consacré par l'art. 2103.

Un tiers détenteur, nous dit Grenier (T. II, 2

partie, chap. 1er, sect. 1re, n° 336), doit avoir la prudence de faire dresser des procès-verbaux de l'état des lieux, avant qu'il entreprenne les réparations ou constructions; il doit faire faire des devis estimatifs et retirer les quittances des ouvriers. Dans cette position peut-on se refuser à le placer dans la catégorie des ouvriers tels qu'architectes et maçons? Il n'a pas, à la vérité, d'inscription, mais sur qui pourrait-il en prendre d'après sa position? Le privilége paraît incontestable, même dans notre législation au moins par la force des analogies.

Ce système est moins admissible que le premier.

Depuis quand est-il de principe, dans notre droit, de créer des priviléges par voie d'analogie? N'est-il pas constant que c'est là une matière de droit étroit, *strictissimæ interpretationis?* Le privilége n'existe que lorsque la convention ou la loi l'a créé.

Quel rapport juridique du reste y a-t-il entre un architecte qui construit et un tiers détenteur qui fait construire?

On comprend les droits du premier, on comprend moins ceux du second.

En admettant qu'il y ait analogie entre les deux cas, et que de cette analogie frappante pourrait naître un privilége, le tiers détenteur s'est-il soumis aux prescriptions de l'art. 2103? A-t-il, ainsi que l'exige cet article, fait dresser préalablement par un expert connu un procès-verbal à l'effet de constater l'état des lieux relativement aux ouvrages que le propriétaire déclarera avoir dessein de faire? A-t-il, dans les six mois de la perfection des travaux, fait recevoir les travaux par un expert également connu? A-t-il enfin fait inscrire les procès-verbaux dont s'agit? A-t-il révélé ainsi sa position aux tiers? Non ; il a donc contrevenu aux articles mêmes que l'on cite ; il les a violés : de quel droit les invoquerait-il ?

Ainsi, d'une part, le tiers détenteur ne peut invoquer le droit de rétention, puisque l'art. 2175 le repousse par ses termes et son esprit ; il ne peut non plus invoquer le privilége analogue à celui de l'architecte, puisque les priviléges sont de droit étroit, et ne s'exercent pas par analogie, et que, dans l'espèce fût-il né, le privilége ne serait pas né viable faute des formalités exigées par la loi pour le vivifier.

3e Système. Cependant laisserons-nous le tiers détenteur désarmé, et dirons-nous avec nos adversaires que n'ayant ni le droit de rétention, ni un privilége inscrit, il ne sera payé de ses impenses qu'après le désintéressement des créanciers.

L'art. 2175, contrairement à l'art. 2133, décide implicitement que le montant des améliorations appartient au tiers détenteur; ainsi que le disaient les lois romaines et même notre adversaire, M. Tarrible, il doit être considéré comme le vrai propriétaire des ouvrages ou améliorations qu'il a faits. De là la conséquence : la plus value, ou le prix qui la représente ne peut faire partie de l'ordre ; ils doivent en être distraits. Au profit de qui? Du tiers détenteur à qui appartient la plus value. En un mot, le tiers détenteur, comme propriétaire, prélève sur la masse les sommes représentant la plus value, et cela avant toute opération de collocation. De la sorte on concilie les intérêts et les droits des créanciers qui, d'une part, ne peuvent être arrêtés dans leur poursuite que par un motif grave, et qui, d'autre part, ne peuvent prétendre à un gage qui n'est pas constitué. On concilie également les règles de droit, avec les droits du tiers détenteur.

Sans violer les principes juridiques du système hypothécaire, on apporte un secours juste et salutaire au tiers détenteur. C'est ainsi qu'ont jugé la cour de Turin 30 mars 1860, et la cour de Bastia 2 fév. 1846.

Pothier corrigeait l'opinion qu'a défendue plus tard Tarrible, en permettant au tiers acquéreur d'arrêter les poursuites du créancier hypothécaire, jusqu'à ce que celui-ci lui ait donné caution pour sûreté de son paiement.

Ai-je besoin de dire que cette opinion de Pothier, ce tempérament à cette opinion, n'a pas de valeur.

Où donc est écrite l'obligation pour le créancier de donner caution? Quel sera le montant de cette caution? Qui en fixera le chiffre et comment le fixer d'avance? Serons-nous responsables des mille fluctuations et variations des ventes publiques? Et enfin pourquoi arrêter le créancier hypothécaire? Que fait-il, sinon user de son droit en poursuivant la vente de son gage?

Le tiers acquéreur connaissait l'état des choses ; il devait du reste prendre ses précautions et réunir pour lui, en purgeant, les chances favorables. Je n'accorderai pas néanmoins au tiers détenteur, quoique je le considère comme propriétaire de la plus value, le droit de percevoir les intérêts du jour où il a cessé de jouir de l'héritage, car il n'est écrit nulle part que les intérêts courent de plein droit en sa faveur. Nous rentrons alors dans la règle générale de l'art. 1153.

La conséquence à tirer de tout ce que nous venons d'exposer, dirons-nous avec M. Dalloz, c'est que le droit de répétition de l'art. 2175 accordé au tiers détenteur pour les impenses qu'il a faites à l'héritage, ne crée aucune exception à son profit, mais donne lieu à une simple créance pour laquelle il a un droit de distraction sur le prix.

§ 2.

Étendue du droit de l'art. 2175.

75. — « Le tiers détenteur, dit l'art. 2175 *in fine* » ne peut répéter ses impenses et améliorations que » jusqu'à concurrence de la plus value résultant de » l'amélioration. »

La loi 20, § 2, D. de *pignoribus*, s'exprimait de même. *Non aliter cogendos creditoribus edificium restituere, quam sumptus in extractione erogatos, quatenus pretiosior res facta, restituerent.*

Loyseau nous donne une définition aussi exacte que précieuse de ces mots impenses et améliorations. Je crois utile, dit M. Troplong, de la reproduire dans un commentaire destiné à faire sentir la force et l'étendue de chaque expression.

Les impenses sont les sommes qui ont été dépensées à améliorer l'héritage.

Les améliorations sont ce qu'il vaut de plus à raison

des sommes qui y ont été employées. Il arrive presque toujours que l'impense est plus forte que la plus-value ou l'amélioration qui en résulte. Cependant, il arrive quelquefois aussi que l'amélioration ou plus-value est plus forte que la somme employée à la produire. Je dépense 50,000 fr. dans ma maison qui en valait 100,000, voilà l'impense, mais ce n'est pas à dire pour cela que ma maison vaudra 150,000 fr.

Le plus souvent l'amélioration, c'est-à-dire le produit de l'impense, ne s'élèvera qu'à une plus-value moindre que la somme dépensée. Aussi, ma maison réparée pourra ne valoir que 120,000 fr. Il est cependant possible que, si la dépense a été faite à propos, en temps opportun, je la vende 200,000 fr. et qu'une impense de 50,000 fr. me produise une plus-value de 100,000 fr.

Des controverses se sont élevées sur divers points de ce paragraphe.

76. — *Première question.* — Le tiers détenteur devra-t-il répéter l'impense ou l'amélioration ?

Le principe auquel donne satisfaction cette partie de l'art. 2175, est que personne ne peut s'enrichir au dépens d'autrui. Or, quelle que soit la somme dépensée, de quoi en réalité s'enrichiraient les créanciers hypothécaires ? — De la plus-value ; puisque seule elle leur profite, seule elle augmente leur gage. Il suffit donc de faire abandonner la plus-value au tiers détenteur lui-même, soit aux ouvriers qui l'auraient produite, s'ils y avaient un privilége dûment conservé.

Néanmoins, ce principe une fois établi, je suis d'avis que, d'après la formule de notre article, la plus-value donnée à l'immeuble constitue le maximum des répétitions à exercer par le tiers détenteur. La loi dit, en effet, que les impenses et améliorations ne pourront être répétées que jusqu'à concurrence de la plus-value.

Tout en constituant ce maximum, la loi ne dit pas que la répétition sera, dans certains cas, inférieure à la plus-value. Voici comment il faut distinguer.

Si la dépense est plus forte que la plus-value, le tiers détenteur aura droit à la plus-value ; si la plus-value dépasse l'impense, le tiers détenteur demandera l'impense.

Le texte de notre article a voulu mettre des bornes aux réclamations du tiers détenteur.

De quoi donc peut se plaindre ce dernier ? L'équité est satisfaite ainsi que le principe sur lequel repose l'art. 2175. Le tiers détenteur reçoit réellement ce qu'il a déboursé. Quant aux créanciers, s'ils profitent quelquefois de la plus-value, ce n'est pas du moins aux dépens et avec l'argent de ce dernier. S'ils en profitent c'est que, d'une part, le législateur n'est pas favorable au tiers détenteur qui ne purge pas ; et que, d'autre part, les créanciers ne font qu'exercer les droits de l'art. 2133 et de l'art. 2166, que l'équité ne tient plus ici en échec.

J'ajoute à ces considérations l'autorité de Loyseau et de la loi romaine. « Bref, dit-il, il faut conclure » que le détenteur reprend toujours ce qui est de » moins, c'est pourquoi on conjoint, en pratique, les

» deux mots d'impenses et d'améliorations, parce que
» ni l'un ni l'autre n'est requis absolument, mais l'un
» sert de restriction à l'autre. »

La loi 29 § 2 D. de *pignoribus et hypothecis*, dit
d'une part *recepturum sumptus quatenùs res pre-
tiosor facta est* et la loi *in fundo de rei rei vindica-
tione au Dig* nous dit : *reddet dominus impensam,
ut fundum recipiat, usque eò duntaxat quò pretio-
sor factus est ; et si plus pretii accessit, solùm quod
impensum est.*

J'invoque enfin, par analogie, la décision de
l'art. 555 du code Napoléon. Cet article porte que le
possesseur de bonne foi, lorsqu'il est évincé, a droit
seulement, pour les constructions faites par lui sur le
fonds d'autrui, au remboursement de la valeur des matériaux et du prix de la main-d'œuvre, c'est-à-dire de
ses déboursés, si mieux n'aime le propriétaire du
fonds lui rembourser une somme égale à celle dont
le fonds a augmenté de valeur.

On nous dit que ce ne sont pas là des autorités
ayant un poids quelconque dans l'espèce. La loi romaine, *reddet*, ainsi que l'art. 555, s'appliquent à
un cas différent du nôtre. Pourquoi, dit M. Flandin,
dans le cas de l'art. 555, le législateur donne-t-il au
propriétaire du fonds le choix ou de rembourser la
valeur des matériaux ou le prix de la main-d'œuvre,
ou de rembourser une somme égale à la plus-value?
C'est qu'étant propriétaire du fonds, il est par cela
même, et en droit strict, réputé propriétaire de tout
ce qui s'y unit accessoirement, soit naturellement,
soit artificiellement, et que l'équité seule a voulu que

le possesseur de bonne foi fût indemnisé de ses dépenses. C'est précisément l'inverse, dit-il, pour le
tiers détenteur, c'est lui qui est le véritable propriétaire de l'immeuble hypothéqué, et par conséquent
des ouvrages qui l'ont amélioré; il doit donc seul
profiter de la plus-value qui en est résultée ; autrement, les créanciers s'enrichiraient de leurs dé-
pouilles.

Quant à moi, je ne trouve pas que les deux espèces
soient aussi différentes que veut bien le dire M. Flandin. Le tiers détenteur, quoique j'aie démontré plus
haut qu'il est jusqu'à l'adjudication seul véritable
propriétaire, a cependant dans sa position beaucoup
d'analogie avec le possesseur. Lorsqu'il a acheté, il l'a
fait avec les charges qui grevaient l'immeuble ; il savait donc qu'il pouvait être expulsé par les attaques des créanciers ; il s'exposait donc gratuitement
à des dépenses inutiles pour lui, surtout s'il était dans
l'intention de ne pas retenir les immeubles en purgeant. Il est même, sous ce point de vue, dans une
situation plus défavorable que le possesseur de bonne
foi. Ce dernier, ignorant de sa situation, agit comme
un véritable propriétaire, traite et doit traiter la
chose possédée comme sienne. Mais le tiers détenteur connaît les poursuites auxquelles il s'expose et
les conséquences qui peuvent en résulter.

Et du reste, le législateur ne donne-t-il pas complètement satisfaction à l'équité en lui restituant ses
déboursés ?

L'art. 2133 établit un principe, à savoir que toutes
les améliorations appartiennent aux créanciers.

L'art. 2175 consacre une exception ; mais cette exception doit être renfermée dans des limites étroites, comme du reste toute exception à un principe.

Quelque opinion cependant que l'on adopte, il ne s'agit pas ici du recours à exercer du tiers acquéreur au vendeur. Ce recours, qui repose sur une responsabilité sévère du vendeur, est plein et entier, et se règle d'après les art. 1630 et seq. du titre de la vente.

Remarquons aussi que le tiers détenteur ne compense pas les améliorations avec les fruits. Quand il s'agit d'un simple possesseur de bonne foi, dit M. Troplong, on déduit des indemnités qu'il doit retirer pour améliorations, la valeur des fruits qu'il a perçus. Mais comme le tiers détenteur dont nous nous occupons ici, est maître et seigneur de l'héritage, et qu'il gagne les fruits, *jure dominii*, il n'y a pas lieu à faire cette déduction.

2° question. — La règle posée par notre article s'applique-t-elle aux impenses nécessaires, ou ne doit-elle pas être restreinte aux seules impenses utiles ?

77. — Une autre difficulté, conséquence de la première, consiste à savoir si, lorsque l'impense est nécessaire, et qu'elle n'a pas produit de plus value, on peut néanmoins la répéter.

Pour mieux approfondir la question, rappelons ici la définition des diverses impenses.

Les impenses nécessaires sont celles qui empêchent la chose de se détruire en totalité ou en partie,

comme par exemple restaurer, étayer les vieux édi-
fices, remplacer les arbres morts.

Les impenses utiles sont celles qui ont pour but,
non pas seulement de conserver la chose, mais encore de l'améliorer.

Les impenses voluptuaires sont celles qui ont pour
but l'embellissement de la chose.

Outre ces impenses, il y a les impenses d'entretien,
tels que le curage des fossés, travaux de jardin, et
autres petites accommodations, comme dit Loyseau,
qui sont réputées avoir été faites, *fructuum causà*.

1er *système.* — Sur la question qui nous occupe,
un arrêt de la Cour de Cassation du 11 novembre
1824, a décidé que l'art. 2175 ne s'applique qu'aux
dépenses d'amélioration, mais qu'il ne concerne pas
les impenses nécessaires. Lors donc que le tiers détenteur a fait des dépenses pour empêcher la ruine
de la chose, il doit être remboursé de la totalité de
ses débours sans égard à la plus value.

Pothier semble être de cet avis.

« Suivant la loi 29, § 2. *Dig. de pignoribus et hy-*
» *pothecis*, le détenteur d'un héritage assigné en
» action hypothécaire qui a fait des impenses néces-
» saires ou utiles, a droit de les retenir jusqu'à ce
» qu'il ait été remboursé, savoir : à l'égard des im-
» penses nécessaires de ce qu'elles ont coûté ou dû
» coûter, et à l'égard des impenses utiles, de la
» somme dont l'héritage s'en trouve actuellement
» plus précieux, ce qui est fondé sur ce que le créan-
» cier ne doit pas profiter, aux dépens de ce déten-
» teur, des dépenses qu'il a faites pour lui conserver

» on améliorer son gage, suivant cette règle, *nemi-*
» *nem æquum est cum alterius detrimento locuple-*
» *tari.* »

Cependant l'autorité des lois romaines ne semble
pas militer en faveur de Pothier. Loyseau non plus
ne partageait pas l'opinion contraire.

Ce que disent et les lois romaines et Loyseau, c'est
que l'acheteur ne peut exiger que les créanciers lui
tiennent compte des dépenses qu'il a faites *in refec-
tione,* et que de pareilles dépenses sont nécessaires,
ainsi que le dit la loi 14, Dig. (*De imp. in reb. dot.*)
— Donc la seule question d'après ces autorités, est
de savoir s'il y a eu amélioration. Peu importe où
l'amélioration prend sa source. — La Cour de Cassation, au contraire, fait une distinction, et déclare
que dans tous les cas les dépenses nécessaires sont
dues.

2ᵉ système. — Pour ma part, après l'examen de
ces diverses autorités, je suis d'avis que sous l'empire du Code, il n'y a pas à distinguer entre les impenses utiles et nécessaires. Le texte de l'art. 2175
ne permet pas cette distinction. Rappelons-nous que
lorsque le Code veut établir la distinction dont s'a-
git, il s'exprime expressément; voir les art. 861,
862, 863 et 1673, C. N. Cela est d'autant plus vrai,
que le tiers détenteur ne peut avoir contre les créanciers hypothécaires d'autre principe que la *versio
in rem.*

En vain objecterait-on, que le tiers détenteur doit
en pareille circonstance être considéré comme le gé-
rant d'affaires des créanciers hypothécaires, et qu'il

jouit contre eux de l'action *negotium gestorum contraria* : c'est une erreur. J'ai démontré plus haut que le tiers détenteur, jusqu'à l'adjudication, était propriétaire de la chose, qu'il gère le bien, non pas comme chose d'autrui, mais comme chose sienne, et que par conséquent il ne peut pas réunir sur sa tête pour le même objet ces qualités de propriétaire et de *negotiorum gestor*.

L'opinion adverse conduirait du reste à des conséquences absurdes. Il en résulterait, disent MM. Aubry et Rau (t. II, sec. partie, liv. 1er, § 2, 87), que le tiers détenteur qui aurait fait des impenses nécessaires, serait autorisé à en répéter le remboursement intégral, dans le cas même où, par suite d'évènements ultérieurs, les travaux par lui exécutés auraient péri ou perdu tout effet utile, de telle sorte que la valeur de ce qui existerait de l'immeuble pourrait, au détriment des créanciers hypothécaires, se trouver entièrement absorbée.

N'est-il pas rationnel et juridique d'adopter ce système? Le tiers détenteur savait qu'une cause d'éviction le menaçait ; il savait, d'autre part, que pour le montant de ses réparations, il avait son recours contre le vendeur. Il est donc coupable de n'avoir pas pris ses précautions en se faisant indemniser. Aujourd'hui que l'action hypothécaire est intentée il ne peut en arrêter le cours ; il ne peut la paralyser, sans quoi les prêteurs, arrêtés par tant d'obstacles n'auraient plus de confiance dans leur gage et ne livreraient plus leur argent.

Cela est d'autant plus vrai, que la loi dans l'art.

2175, a tracé d'une part les devoirs du tiers détenteur ; elle a puni des détériorations, c'est-à-dire elle
le force indirectement à faire les réparations nécessaires ; et, d'autre part, a consacré ses droits en lui
accordant une indemnité pour amélioration, c'est-
à-dire que la loi récompense, dans l'espèce, le service qu'il rend aux créanciers.

On pourrait nous dire que, dans notre système, le
créancier hypothécaire est sensé s'enrichir des réparations qui maintiennent la chose. Non, puisque
l'art. 2131 lui accorde un supplément d'hypothèque,
faute de ces réparations, lorsque les détériorations
compromettent son gage. Non, puisque le tiers détenteur aurait pu se mettre à l'abri de ces difficultés
en purgeant : *Nolenti non fit injuria*.

Ainsi, en résumé, nous décidons que : la loi n'a pas
distingué entre les dépenses nécessaires et utiles ; et
que, comme conséquence de cette non distinction,
elle n'a accordé au tiers détenteur d'indemnité que
pour le cas où la dépense a amélioré le gage; c'est-
à-dire lui a donné une valeur qu'il n'avait pas, lorsqu'il a passé entre ses mains.

Que le premier point se trouve démontré : 1° par
l'art. 2175 qui ne distingue pas ; 2° par l'autorité des
lois romaines et de Loyseau.

Que le deuxième point se trouve démontré également : 1° par le texte de l'art. 2175 qui ne parle que
de plus-value, ce qui implique l'idée d'amélioration ;
2° par l'esprit de la loi peu favorable au tiers détenteur qui ne purge pas ; 3° par l'opposition que le législateur a mise entre les devoirs et les droits du

tiers détenteur; 4° enfin, par les conséquences auxquelles mènerait le système contraire.

Je dois néanmoins faire observer qu'il peut arriver,
comme dit M. Troplong, et qu'il arrive souvent que,
même une réparation, donne une valeur plus grande
au gage; on ne se borne pas, en effet, mathémati-
quement à conserver la chose; il y a presque toujours un *opus novum*. Il est évident que pour cet
opus novum, le tiers détenteur a droit à une indemnité, car peu importe, comme nous l'avons dit, dans
quelle espèce de dépenses l'amélioration prend sa
source.

Si les impenses utiles, dit Pothier, étaient de nature à pouvoir s'enlever, et que le débiteur pour
éviter la discussion sur leur liquidation voulût les
enlever, on ne pourrait le lui refuser. A l'égard des
impenses *voluptuaires*, le détenteur n'en peut demander le remboursement; mais on ne peut lui refuser la faculté de les enlever, si cela se peut sans
détoriation.

78. — On s'est demandé de quelle façon peut se
faire l'estimation de la plus-value. En principe, elle
doit se faire par experts.

Néanmoins, comme la loi n'a pas tracé de règle à
cet égard, les juges sont libres de choisir un tout
autre mode d'estimation. La Cour de Paris avait jugé
que la plus-value serait estimée par la différence
entre le prix d'acquisition et celui de la revente de
l'immeuble. Sur le pourvoi formé en cassation, il fut
décidé que la loi ne fixant pas un mode d'évaluation

plutôt qu'un autre, les juges avaient pu choisir celui qui leur avait paru préférable.

Le mode d'estimation consacré par l'arrêt de la Cour de Pau, me semble défectueux. Pour le justifier, on s'appuie sur l'art 2103. 4° Mais sous cet article, la situation est bien différente, des procès-verbaux divers et des constats des lieux et des travaux sont dressés. Dans notre espèce, l'état des choses ne peut être constaté, de telle sorte que l'on n'a pas de guide.

D'une part, ce mode ne donne pas satisfaction au tiers détenteur. Il peut se faire que la seconde vente n'atteigne pas un prix convenable, et l'on sait que surtout aux enchères, les adjudications sont variables. Du reste, le premier acheteur peut avoir attaché un prix de convenance et d'affection ; changeant de main, le bien perd de sa valeur, puisque les circonstances qui la faisaient ont disparu.

D'autre part, il peut ne pas donner satisfaction aux créanciers. Si l'on admet que le tiers détenteur ait payé l'immeuble bien au-dessous de sa valeur et qu'il ait fait de légères impenses, il touchera l'excédant du prix de la nouvelle vente sur l'ancienne, ce qui sera une façon ingénieuse de soustraire leur gage aux créanciers.

Pour savoir, dit Loyseau, si dans l'estimation les impenses doivent être prises en bloc ou bien pièce à pièce et en détail, il faut distinguer. S'il est question des améliorations, il faut nécessairement les estimer en gros ; car elles ne peuvent être dites améliorations *nisi respectu totius operis.* Mais que s'il faut priser les impenses, il faut nécessairement que ce soit par le même et par chaque article de dépense.

Dans tout ce qui a été dit ci-dessus, nous n'avons pas parlé de la distinction entre les tiers possesseurs de bonne foi et de mauvaise foi, et partant, nous n'avons pas appliqué les règles différentes qui leur compètent. L'application aurait été inopportune, car le tiers détenteur, comme nous l'avons démontré plus haut, est un propriétaire, et d'ailleurs le tiers détenteur est toujours censé de bonne foi. S'il a su à quel titre il détenait, il pouvait cependant espérer que le débiteur s'acquitterait et affranchirait l'immeuble de toutes ses charges.

Ainsi, en résumé, le tiers détenteur, sans distinguer s'il est ou non de bonne foi, répète tantôt l'impense et tantôt l'amélioration. La loi ne distingue pas entre les diverses classes de dépense. Elle ne considère que le résultat. S'il y a eu plus value, peu importe d'où elle provient. Pour constater l'amélioration, on a recours à des experts qui l'estiment.

SECTION TROISIÈME.

De l'exception prétendue à raison des hypothèques antérieures que le tiers détenteur peut avoir sur l'immeuble.

79. — « Si le défendeur avait lui-même, dit Pothier, lorsqu'il a acquis l'héritage pour lequel l'action hypothécaire est donnée, des hypothèques sur cet héritage, préférables à celles du demandeur,

» qui absorbent la valeur de cet héritage, il a une
» exception contre la demande, qui doit lui en faire
» donner congé, si mieux n'aime, le demandeur, don-
» ner caution de faire monter l'héritage à si haut
» prix que le défendeur soit payé de ses créances.
» Cette exception lui est facilement accordée, lorsque
» ses créances sont privilégiées; mais quand même
» elles n'auraient que l'antériorité, on doit aussi lu¹
» accorder cette exception, lorsqu'il est évident
» qu'elles absorbent le prix de l'héritage, car l'équité
» ne permet pas que le demandeur en action hypo-
» thécaire soit écouté dans une demande, dont il ne
» peut tirer aucun avantage, et qui ne tend qu'à
» faire des frais inutiles. *Nil laturus, nisi ut offi-
» ciat.* »

Henrys est aussi de cet avis, et un arrêt du Parlement de Paris, du 16 juillet 1641, décida que cette exception existait, pourvu que l'estimation des immeubles fût préalablement effectuée à dire d'experts.

Bretonnier nous explique pourquoi l'ancienne jurisprudence avait adopté cette décision. Les procédures d'ordre étaient une source de profits pour les juges, les greffiers et les receveurs de consignations. On voulait, dans l'espèce, éviter les procédures et épargner aux parties les frais considérables qui en étaient la conséquence.

80. — La force des principes ne conduit pas à cette opinion, comme disent M. Troplong et M. Grenier; elle s'y oppose au contraire.

Le créancier hypothécaire poursuit et use ainsi des droits que lui confère son gage. Ce droit de poursuite s'exerce indépendamment de la priorité ou de l'antériorité de l'hypothèque. L'art. 2169 nous le dit en termes formels. La loi n'impose pas comme condition de cet exercice l'obligation de fournir caution.

Ce serait un nouveau moyen de paralyser sans raison l'action hypothécaire et de léser les légitimes espérances du créancier.

Laissez du reste l'immeuble subir les épreuves de l'adjudication. Elle seule fixera le prix d'une façon incontestable.

Je ne vois pas enfin, comme je l'ai dit plusieurs fois, quelle faveur doit s'attacher à un tiers détenteur, quand même il réunirait à cette qualité celle de créancier hypothécaire, lorsqu'il ne remplit pas les formalités de la purge, et ne concilie pas ainsi les droits et les intérêts de tous.

Comme dit Voët, peu importe sur sa tête cette double qualité, elle ne peut changer ni arrêter le cours de l'action hypothécaire. « Si un créancier, premier
» en rang, achète le gage à l'amiable de son débi-
» teur, les autres créanciers peuvent le poursuivre
» par l'action hypothécaire et faire réaliser le gage,
» comme si le débiteur avait vendu l'immeuble à un
» étranger. »

Lorsque le tiers détenteur a désintéressé jusqu'à concurrence de la valeur des immeubles des créanciers hypothécaires antérieurs au poursuivant, il est subrogé légalement à leur droit. M. Troplong est d'avis que lorsque, dans l'espèce, le tiers détenteur est poursuivi, il peut demander au créancier une caution du montant des frais : faute de fournir cette caution, il est sursis aux poursuites.

Par les raisons déduites plus haut, je déciderai que la poursuite ne peut être paralysée. Chaque créancier a le droit de faire vendre et cela sans condition de caution (art. 2169).

SECTION QUATRIÈME.

De l'exception de garantie.

81. — « Jacques est créancier de Jean d'une somme de dix mille francs hypothéquée sur le domaine de ce dernier. Jean vend à Pierre ce même domaine, et Pierre le revend à Paul. Pierre meurt, laissant Jacques pour son héritier. Jacques veut exercer contre Paul l'action hypothécaire. Il y sera déclaré non recevable, parce qu'étant tenu comme héritier de Pierre, à garantir Paul de tous troubles et évictions, celui-ci pourra lui opposer la maxime : *quem de evictione tenet actio eumdem agentem repellit exceptio.* Le Code ne parle pas de cette exception de garantie, mais elle résulte évidemment des principes. »

Qu'y a-t-il en effet dans l'espèce ?

Deux qualités se paralysant sur la même tête. Comme créancier, Jacques peut poursuivre, — mais comme héritier de l'auteur de Paul, il serait obligé de le protéger contre tous troubles. Or, peut-on lui permettre de causer lui-même le trouble, pour être contraint de le faire disparaître lui-même ? Le plus simple est de refuser dans l'espèce la poursuite hypothécaire.

En effet, dit Pothier (Introd. à la cout. d'Orléans, t. 20, n° 41), la garantie « consiste dans l'obligation
» de défendre le possesseur de tous troubles en la
» possession de son héritage, il est évident qu'elle
» résiste à l'exercice de l'action pour le lui faire dé-
» laisser. De là cette maxime : *quem de evictione
» tenet actio eumdem agentem repellit exceptio.*

» Lorsque le créancier n'est tenu qu'en partie de
» la garantie de l'héritage, il ne sera exclu de l'action
» hypothécaire que pour la partie dont il est tenu
» de cette garantie.

» Lorsque le créancier n'est pas à la vérité per-
» sonnellement tenu de la garartie, mais possède des
» héritages hypothéqués à cette garantie, il n'est
» exclu de son action hypothécaire, qu'autant qu'il
» veut retenir ces héritages, et il faut en les aban-
» donnant, suivre l'action hypothécaire. »

SECTION CINQUIÈME.

De l'exception cedendarum actionum.

82. — Nous avons vu plus haut que le tiers détenteur qui paie est subrogé aux priviléges et hypothèques, droits et actions du créancier qu'il désintéresse. Mais supposons que le créancier ait rendu
impossible la subrogation à ses droits sur d'autres
immeubles également affectés à sa créance. Le tiers
détenteur peut-il soutenir que l'immeuble acquis est
désormais affranchi du droit de suite et qu'il ne peut
être exproprié ? En un mot l'exception *cedendarum*

actionum appartient-elle encore dans notre droit au tiers détenteur?

Avant de résoudre la question, il est nécessaire de faire diverses observations qui nous permettront d'arriver plus sûrement à une solution.

Autrefois le tiers détenteur n'était pas dans la même situation que notre tiers détenteur. Les hypothèques étaient occultes et générales. En achetant, le tiers acquéreur n'agissait pas en connaissance de cause ; sa position était d'autant plus digne d'intérêt qu'il n'avait pu calculer les conséquences de son acquisition, et que du reste, lorsque l'on admit les formalités de purge, elles étaient compliquées et coûteuses. Aussi ne devons-nous pas nous étonner que le législateur, ou plutôt la doctrine et la jurisprudence fussent favorables au tiers détenteur; elles créaient toutes les exceptions compatibles avec le droit rigoureux des créanciers.

Sous l'ancienne jurisprudence, dans l'espèce, il n'y avait pas subrogation légale en faveur du tiers détenteur qui payait la dette. Ecoutons Pothier :

« Le tiers détenteur, dit Pothier, en payant le
» créancier qui a donné l'action hypothécaire contre
» lui, a droit de se faire subroger à tous les droits,
» actions et hypothèques des créanciers.

» Lorsqu'un tiers détenteur, ajoute-t-il, pour éviter
» le délaissement de son héritage, paie un créancier
» hypothécaire, il a bien le droit de requérir la su-
» brogation, mais lorsqu'il ne l'a pas requise, il
» n'y a aucune loi qui le subroge de plein droit. »

Néanmoins il était de jurisprudence que le tiers

détenteur, sans requérir de subrogation, exerçait les droits des créanciers désintéressés sur l'immeuble qu'il possédait; il pouvait repousser par l'exception de dol les créanciers ultérieurs. Mais il n'avait pas la faculté de se faire rembourser de ses avances sur les héritages non possédés par lui.

Dans notre législation, la question ne peut faire doute. L'art. 1251 2° prévoit notre cas, et donne à quiconque est tenu pour d'autres et qui paie, *tous les droits* du créancier désintéressé. Le tiers détenteur peut donc en vertu de ce principe poursuivre le remboursement sur les autres immeubles affectés à la même dette.

En conséquence, la Cour de Paris a fait une fausse application des principes dans son arrêt du 10 juin 1833, confirmatif d'un jugement du tribunal de Fontainebleau. D'après la Cour, la subrogation accordée par la loi à l'acquéreur d'un immeuble, qui emploie le prix de son acquisition au paiement des créanciers hypothécaires de ce bien, n'aurait d'autre objet que de procurer audit acquéreur un moyen de repousser les réclamations, soit des créanciers inscrits sur ledit immeuble, postérieurement à ceux payés par l'acquéreur, soit du vendeur lui-même, dans le cas où il réclamerait le paiement du prix de la vente. Toujours d'après cet arrêt, il serait impossible d'étendre l'effet de cette subrogation à tous les autres immeubles du débiteur hypothéqué au créancier qui reçoit son paiement de l'acquéreur. Le paiement de la créance, à la sûreté de laquelle un immeuble est hypothéqué, n'est-il pas précisément une des causes qui produit l'extinction de la dette hypothècaire? Ne serait-ce pas ainsi faire revivre cette hypothèque à l'instant même où elle cesse d'exister? ce qui impliquerait contradiction.

Donner cette dernière raison, c'est commettre une hérésie juridique; car la subrogation a justement pour effet, à l'aide d'une fiction, de conserver l'existence à tous les droits accessoires de la dette qui semblait éteinte par le paiement. Il n'est pas besoin d'insister. Il est constant, en droit, que le subrogé agit comme le subrogant. Nous savons que ce dernier pourrait se faire rembourser sur les autres immeubles affectés à la même dette.

Je trouve plus juste la décision suivante :

Le tiers détenteur a négligé de purger, et paie au-delà de son prix une dette hypothécaire qui frappe tout à la fois et l'immeuble qu'il a acquis et celui acquis par un tiers. La Cour de Paris décide qu'il est légalement subrogé, pour l'excédant payé par lui, dans les droits et actions du créancier qu'il désintéresse contre le tiers acquéreur de l'immeuble hypothéqué à la même créance (Paris, 10 décembre 1835).

Ceci exposé, revenons à la question de savoir si l'exception *cedendarum actionum* existe dans notre droit.

83. — De ce qu'il est constant aujourd'hui que le tiers détenteur qui paie le créancier hypothécaire ou privilégié, est de plein droit et, sans qu'intervienne aucune stipulation, subrogé dans tous les droits, actions, priviléges et hypothèques de ce créancier, M. Dalloz t. 37, répert. tit. 3, chap. 5, sect. 3,

art. 5, n° 1975) tire deux conséquences juridiques :

1° Un créancier poursuit le tiers détenteur et refuse de le subroger à ses droits. Ce refus ne peut autoriser le tiers détenteur à résister à la poursuite, puisqu'il y a subrogation légale.

2° Le créancier s'est mis, par son fait, dans l'impossibilité de céder ses droits et hypothèques au tiers détenteur; il est tenu, par voie d'action, d'indemniser celui-ci du dommage qu'il en éprouve. Il doit être repoussé par voie d'exception de l'action hypothécaire qu'il veut former contre lui, en vertu de la maxime; *qui habet actionem multò magis debet habere exceptionem.*

Cette exception est appelée, en droit, *cedendarum actionum.* Elle est consacrée par l'art. 2037, C. Nap., aux termes duquel « la caution est déchargée, lorsque la subrogation aux droits, priviléges et hypothèques du créancier, ne peut plus, par le fait de ce créancier, s'opérer en faveur de la caution. »

J'admets la première conséquence, mais je repousse la seconde.

L'argument d'analogie, tiré de l'art. 2037, sur lequel M. Dalloz fonde son opinion, n'a pas d'application dans l'espèce.

D'une part, si la caution est obligée au paiement d'une dette, elle est fondée à dire que c'est en considération de l'hypothèque à laquelle elle pouvait être subrogée, et qui facilitait le recouvrement de ses avances. Il y a eu là contrat, et l'on comprend que le législateur ait subordonné la poursuite à diriger contre la caution, à la conservation de l'hypothèque, en vue de laquelle la caution s'est engagée.

Au contraire, sur quoi donc a pu compter le tiers détenteur dans l'espèce ? — On n'a pu et on ne pouvait prendre aucun engagement de nature à le préserver de tout dommage.

Enfin, la caution n'avait aucun moyen de se mettre à l'abri de l'insolvabilité du débiteur en l'empêchant d'aliéner, tandis que le tiers détenteur peut éviter tout préjudice en purgeant. S'il ne le fait pas, c'est imprudence de sa part. Le législateur n'a pas à le protéger.

L'ancienne jurisprudence ne peut non plus militer en faveur de M. Dalloz : si l'exception *cedendarum actionum* avait droit de cité; c'est que d'une part, le système hypothécaire était différent; l'hypothèque était occulte et générale. Aussi le législateur protégeait-il le tiers acquéreur, même ne purgeant pas, parce que souvent, malgré ses soins, il ne pouvait se rendre compte de l'état de la propriété. C'est que d'autre part la subrogation dans l'espèce n'était pas légale, et partant le tiers détenteur pouvait faire la loi au créancier poursuivant, lui imposer l'obligation de céder ses actions, et le repousser de sa demande, faute par le créancier de pouvoir opérer cette cession.

Mais enfin la subrogation de l'art. 1251, quel droit engendre-t-elle?

Elle arme le tiers détenteur des droits du créancier désintéressé; mais il n'a jamais été dans la pensée du législateur que le créancier qui n'a aucun lien de droit avec le tiers détenteur, auquel aucun engagement ne le rattache, avec lequel il peut n'avoir jamais de rapports, puisse être obligé de conserver les droits éventuels de ce tiers détenteur.

Disons en terminant que le premier système ne respecte pas le principe de l'indivisibilité, en vertu duquel je poursuis tout immeuble affecté, qu'il y ait vente ou non ; il arrive à entraver illégalement et inutilement le droit à la réalisation du gage, que le législateur favorise.

Par ces mêmes raisons nous repousserons l'opinion intermédiaire de M. Troplong. Partant de l'idée que l'exception *cedendarum actionum,* telle qu'elle est établie par l'art. 2037, est un corollaire du bénéfice de discussion, il ne l'accorde plus qu'au tiers détenteur qui se trouve dans les conditions requises pour invoquer ce bénéfice.

De quoi pourrait donc résulter cette distinction ingénieuse ?

Bien que je repousse l'exception, j'adopte la jurisprudence en vertu de laquelle les tiers détenteurs qui n'ont pas purgé, et qui sont poursuivis hypothécairement, peuvent mettre en cause les autres détenteurs soumis comme eux à l'action hypothécaire ; pour voir prononcer contre eux la subrogation et par suite la répartition entre tous de la dette hypothécaire au marc le franc de la valeur et du véritable prix de leur acquisition.

On évite de cette façon un circuit vicieux d'actions ; et l'on fait vider par une seule décision, le réglement de la part contributoire de chaque tiers détenteur.

Ce jugement commun évite des lenteurs préjudiciables et des frais onéreux.

Ainsi en résumé, l'exception *cedendarum actionum* n'existe plus dans notre droit. Cette exception n'est écrite dans aucun texte de loi; or on ne crée pas les exceptions. La poursuite hypothécaire doit suivre son cours et ne peut être suspendue que par des moyens légaux. Ils manquent dans l'espèce.

L'argument d'analogie tiré de l'art. 2037 ne porte pas; les situations sont différentes; la caution n'a contracté qu'à la condition d'être subrogée; pour le tiers détenteur tout prouve qu'il n'a pas fait ce calcul.

L'autorité de l'ancienne jurisprudence ne peut être invoquée dans l'espèce. Les principes diffèrent. La clandestinité des hypothèques amenait les jurisconsultes à protéger le tiers détenteur au détriment des créanciers. Aujourd'hui s'il ne purge pas, il est défavorable, car il a traité en connaissance de cause. La subrogation n'avait pas lieu de plein droit. Le principe contraire est admis par notre Code. Ainsi le texte et l'esprit de la loi s'opposent à l'existence dans notre droit de l'exception *cedendarum actionum*.

CONCLUSION

84. — Nous avons passé en revue l'organisation du droit de suite, et les principales difficultés qu'il fait naître. Nous avons pu nous convaincre qu'il n'est pas de matière à la fois plus importante ni plus difficile. L'importance naît de la diversité et de la gravité des intérêts engagés. Les difficultés surgissent, soit de la rédaction vicieuse des articles, soit surtout du sujet lui-même. Certains articles demandent une révision. Les controverses qui s'élèvent, les interprétations diverses données pourraient être tranchées par une nouvelle rédaction.

Mais il est des difficultés inhérentes au sujet lui-même. Dans l'étude théorique des lois tout est calme, tout est, pour ainsi dire, uniforme. Lorsque l'on descend de ces hauteurs spéculatives et que l'on se présente dans l'arène des affaires, la théorie doit combattre sans cesse avec des éléments divers et pour cela fléchir, se plier, revêtir mille et mille formes. Mais elle ne peut s'adapter à tous les cas ; les affaires sont multiples ; elles ne se présentent jamais avec la même physionomie ; même dans les questions législatives les plus arides, les passions, les mœurs, les faits, les personnes, modifient l'aspect d'une cause,

modifient par là même l'application de la loi et créent
des difficultés sans nombre. Ce que nous venons de
dire est surtout vrai dans le système hypothécaire et
en particulier dans le droit de suite. Que de questions
au seuil même de l'exposition de notre sujet ! Que de
questions, surtout lorsqu'il s'agit de régler les rapports des créanciers et du tiers détenteur sur le
délaissement et ses conséquences, sur le bénéfice de
discussion et ses résultats.

Quelque bonne volonté qu'ait un législateur, il
n'arrivera pas à mettre fin à toutes ces controverses.
Il peut en prévoir quelques-unes et les trancher ; la
plupart doivent lui échapper.

Le seul moyen de porter remède à cet état de
choses c'est de faire disparaître le droit de délaisser
et le bénéfice de discussion. On aura tari de la sorte
une source féconde en procès ruineux.

Le tiers détenteur ne peut se plaindre de cette
suppression. Le législateur lui offre en retour une
voie facile de s'affranchir. J'ai fait comprendre dans
le cours de ce travail, sans cependant traiter le sujet,
que la purge était le parti la plus avantageux et le
plus juste.

Les intérêts du tiers détenteur sont sauvegardés
puisqu'il retient sa propriété franche et quitte de
toutes charges, au moyen du paiement de son prix ;
qu'il le paie au débiteur ou aux créanciers, qu'importe ! Les intérêts des créanciers sont également
sauvegardés ; ils ont le droit d'accepter ou de refuser
le prix.

Enfin, le débiteur profite de ce parti que prend le

tiers détenteur. Si la purge arrive à fin, il n'a de recours à craindre ni de la part du tiers détenteur, ni de la part des créanciers. Ces derniers néanmoins conservent le droit de créance pour le reliquat de ce qui ne leur a pas été payé.

Par la purge, l'équité et le droit reçoivent aussi satisfaction. Le tiers détenteur a acheté ; il a fait ainsi un contrat synallagmatique. En voulant l'exécuter, il fait preuve d'honnêteté. Prendre un autre parti, c'est résilier indirectement un contrat.

En résumé, si j'avais un conseil à donner au tiers détenteur, je lui dirais : « En présence de la poursuite » hypothécaire, si le prix d'achat est de beaucoup su- » périeur au montant des créances inscrites, payez » purement et simplement. Dans le cas contraire, ne » subissez ni les ennuis d'un paiement partiel ni ceux » d'une expropriation, ne recourez ni au délaisse- » ment, ni au bénéfice de discussion. Ces deux partis » ne sont ni justes ni avantageux. Purgez l'immeu- » ble. L'intérêt et la justice seront satisfaits. »

POSITIONS

DROIT ROMAIN.

I. — Bien qu'une sentence injuste d'absolution laisse subsister une *naturalis obligatio* (L. 68, pr. ff. ; *De conditione indebiti*), l'hypothèque est néanmoins éteinte. (L. 13, ff : *Quib. modis, etc.*)

II. — Mais si l'exception *rei judicatæ* peut servir à paralyser l'action hypothécaire comme l'action personnelle, il n'en est pas de même de l'exception *rei in judicium deductæ*. (Arg., l. 30, § 1, ff. ; *ad legem aquiliam*. — L. 59, ff. *ad sen cons. Trebellianum*.)

III. — Lorsque le fonds hypothéqué a été usucapé par un tiers, l'hypothèque qui continue d'exister sur le fonds ne frappe pas les fruits perçus par le tiers. Il n'est pas nécessaire pour cela de supposer avec Cujas que les fruits ont été consommés. (*Nec obstat.* ; l. 1, § 2, ff., *de pignoribus et hypothecis.*)

IV. — La remise du gage ne résulte pas toujours de la présence du créancier ou de sa signature au contrat. Il y a là une question de fait laissée à l'appréciation du juge.

V. — Si après la vente ou donation faite du consentement du créancier, la chose vendue ou donnée retourne en la possession de l'obligé, soit par acquisition, permutation, succession, ou par quelque autre titre ; elle deviendra de ce chef affectée à la dette de ce créancier, et son hypothèque pourra renaître.

VI. — La renonciation expresse ou tacite à l'hypothèque ne l'éteint qu'*exceptionis ope*.

VII. — Lorsqu'une vente était pure et simple, mais résoluble sous condition, la réalisation de la condition résolutoire anéantissait la vente et les hypothèques d'après Ulpien, dont Justinien a consacré la doctrine.

DROIT CIVIL FRANÇAIS

I. — La sommation de l'art. 2169 n'est pas nulle, parce qu'elle aura précédé le commandement.

II. — Le délaissement peut être effectué par l'héritier détenteur d'héritages hypothéqués, lorsqu'il aura offert sa part de dette personnelle et que le créancier l'aura acceptée.

III. — Le délaissement peut être opéré par le tuteur au nom du pupille en s'entourant de certaines formalités.

IV. — Le délaissement peut être fait encore, lorsque les poursuites en expropriation ont été entamées contre le tiers détenteur.

V. — Le tiers détenteur qui prend le parti de payer pour conserver l'immeuble, ne paie pas tous les intérêts sans réserve; il paie seulement ceux qui aux termes de l'art. 2151 C. N., sont conservés par l'inscription.

VI. — Le tiers détenteur qui est en même temps créancier hypothécaire, doit comme tout autre créancier renouveler son inscription. Si son inscription se périme pendant sa détention, il est déchu de ses droits.

VII. — Le tiers détenteur qui s'est porté caution du débiteur ne peut invoquer l'art. 2021, ni l'art. 2170, et ne jouit pas du bénéfice de discussion.

VIII. — Dans les mots *principal* et *principaux obligés* de l'art. 2170 C. N., je comprends la caution, mais non le tiers qui s'est borné à affecter son immeuble à la sûreté de l'engagement pris par le débiteur direct et personnel.

IX. — Le tiers détenteur, à raison des impenses faites au fond hypothéqué, n'a ni un droit de rétention, ni un privilége analogue à celui des architectes, mais la faculté de faire, à l'ordre, distraire du prix le montant de ses impenses.

X. — Le tiers détenteur peut répéter ses impenses de

la manière suivante : Si la dépense est plus forte que la plus-value, le tiers détenteur aura droit à la plus-value ; si la plus-value dépasse l'impense, le tiers détenteur demandera l'impense. Il n'y a pas à distinguer entre les impenses utiles et nécessaires.

XI. — Tout créancier hypothécaire, pourvu que sa créance soit exigible, a le droit de faire vendre l'immeuble. Le tiers détenteur ne pourrait lui opposer une exception à raison des hypothèques antérieures qu'il pourrait avoir sur l'immeuble ; c'est-à-dire ne pourrait ni arrêter les poursuites, ni même l'obliger pour les consommer à fournir une caution.

XII. — L'exception *cedendarum actionum* n'existe point dans notre droit.

DROIT PÉNAL.

I. — L'étranger condamné par les tribunaux de sa nation à raison d'un crime commis en France contre un Français, peut nonobstant cette condamnation être poursuivi en France de nouveau pour le même fait.

II. — Les aggravations de peine résultant de circonstances personnelles à l'auteur principal doivent s'étendre au complice.

III.—Lorsque la nullité du premier mariage est opposée comme question préjudicielle par un accusé de bigamie, il n'y a pas lieu de distinguer entre la nullité absolue et la nullité relative.

Histoire de l'ancien droit.

I. — La pairie n'était pas seulement la propriété d'un fief mouvant nûment de la même couronne, un droit réel ; mais elle était aussi un office personnel, une fonction publique, une véritable dignité.

II. — La femme étrangère n'avait pas de douaire sur les immeubles que son mari possédait en France.

Droit des gens.

I. — Le privilége de l'exterritorialité cesse en faveur d'un agent diplomatique qui prend part à une conspiration contre le gouvernement auprès duquel il est accrédité.

II. — L'extradition est une mesure de droit international, qui ne peut être critiquée par l'accusé, à raison des illégalités dont elle serait entachée.

Le Président de la Thèse,
A. DUVERGER.

Vu par M. le Doyen.
G. COLMET DAAGE.

Vu et permis d'imprimer.
Le Vice-Recteur de l'Académie de Paris,
MOURIER.

VERSAILLES. — IMPRIMERIE CERF, 59, RUE DU PLESSIS.

IMPRIMERIE CERF, À VERSAILLES

www.ingramcontent.com/pod-product-compliance
Ingram Content Group UK Ltd.
Pitfield, Milton Keynes, MK11 3LW, UK
UKHW020737120726
13693UKWH00001B/378